Over mij!

‘Ons verleden zit niet in een conservenblikje. We hebben niet alleen de plicht ons het verleden te herinneren, maar we moeten het ook verteren, dan pas kun je verder, dan pas heb je toekomst.’

Tsvetan Todorov

Noor van Wassenaer

Over mij!

Handleiding tot het schrijven van een Persoonlijk Document

Spectrum

Uitgeverij het Spectrum
Postbus 2073
3500 GB Utrecht

Eerste druk in eigen beheer 2003 ('Uitgeverij Etiset')
Tweede, geheel herziene druk 2005
Omslagontwerp: Eloy Bruins
Illustraties binnenwerk: Peter van Straaten
Zetwerk: Elgraphic+DTQP bv, Schiedam
Druk: Wilco, Amersfoort

ISBN 90 274 1814 4
NUR 770
www.spectrum.nl
www.etiset.nl

Inhoud

Voor wie is dit boek bedoeld?

Het boek is bedoeld als handleiding voor al die mensen die willen *vertellen*, maar niet goed weten hoe en waar te beginnen. Deze handleiding zet hen op een spoor en geeft hen net dat extra duwtje.

Het schrijven van een Persoonlijk Document voor jezelf:

- De normale, gezonde behoefte aan zelfreflectie.
- Na een pijnlijke ervaring feiten, gevoelens en bevindingen ordenen. Sommigen noemen dit 'het van je af'-schrijven, anderen voelen de behoefte dit ruimer vorm te geven.
- Ter voorbereiding op de komende pensionering: wat was, wat is en de toekomst.
- Impasse in het werkzame leven: wat was, wat is en de toekomst.

Het schrijven van een Persoonlijk Document voor anderen:

- De langdurig zieke of stervende die zijn eigenlijke, oorspronkelijke 'ik' wil doorgeven.
- De ouder die, bijvoorbeeld na echtscheiding, een moeizame omgang met het kind of de kinderen heeft en die het kind, op enig moment, het Persoonlijk Document wil geven ter kennismaking. Deze kennismaking kan voor het kind herkenning en daarmee erkenning betekenen. De kans op een 'doorstart' voor de ouder en het volwassen kind neemt hierdoor belangrijk toe.
- De ouder met een buitenechtelijk kind. Deze verteller kan, zoals iedereen, bepalen wanneer het kind het Persoonlijk Document mag ontvangen. Ook hier geldt dat herkenning en erkenning voor het kind een onmisbaar houvast kunnen zijn.

'Beter laat dan nooit' geldt hier sterk!

- De partner die niet de juiste woorden weet te vinden, maar wel de behoefte voelt zich uit te spreken. Door te schrijven kunnen gevoelens en feiten geordend en gebruikt worden en, misschien, als gespreksstof dienen.
- (Groot-)ouders die voor (klein-)kinderen familieverhalen en -anekdotes willen vastleggen.

Voorwoord

In het Voorwoord van de eerste druk heb ik uitgelegd dat de aanleiding om de *Handleiding tot het schrijven van een Persoonlijk Document* samen te stellen een heel droevige was. Ik voegde daaraan toe dat ook mijn leeftijd, achtergrond en belangstelling een belangrijke rol speelden.

Ik had niet verwacht dat het boek zijn weg zou vinden naar mensen in het hele land, naar onze zuiderburen, naar belangenorganisaties, bedrijven en instanties. Noch had ik verwacht uitnodigingen te zullen ontvangen om lezingen en workshops te mogen geven of particulieren te mogen interviewen. Het feit dat zeer uiteenlopende media aandacht schonken aan het boek, vormde een bevestiging dat het boek een breed publiek dient.

Een geschenk werd het mailcontact met gebruikers van het boek! Prachtige geheimen en intens verdrietige ervaringen werden mij toevertrouwd. We mailden dan een of twee keer en de *verteller* en ik gingen weer verder met onze eigen bezigheden. Dat moet ook, want ik kan wel dat extra duwtje geven, maar ik ben geen therapeut!

Bij de voorbereidingen voor deze tweede druk werd mij voorgesteld sommige van deze mails om te zetten in anekdotes. Uit respect voor deze mailers heb ik dit niet gedaan. Wel heeft het mij geïnspireerd deze tweede druk te herzien, waardoor gebruikers zich hopelijk nog duidelijker herkennen en zich daardoor nóg intenser geprikkeld voelen om diepgaand te *vertellen.*
Levensfase noch leeftijd speelt een rol. Het motief om te schrijven verschilt sterk van persoon tot persoon. De gebruiker van de-

ze handleiding trekt zijn eigen plan door slechts die suggesties eruit te pikken die bij hem of haar passen.

Hopelijk inspireert deze handleiding wederom velen en ondervindt men naast plezier misschien ook berusting in het schrijven van het Persoonlijk Document.

Noor van Wassenaer
Voorjaar 2005

Inleiding

Wat is het doel van deze handleiding?
Een vanzelfsprekende vraag met, gelukkig, een simpel antwoord. Deze handleiding is bedoeld om u te inspireren en te helpen bij het schrijven van uw Persoonlijk Document.
Ieder mens kan, ongeacht leeftijd en situatie, de behoefte voelen zijn Persoonlijk Document te schrijven.

Er zijn tal van redenen waarom iemand zijn Persoonlijk Document schrijft.
Het kan gewoon leuk zijn om allerlei heerlijke herinneringen op te halen.
U kunt het ook schrijven voor het nageslacht.
Het is echter ook mogelijk dat u de behoefte voelt herinneringen en gevoelens te ordenen. Door een overzicht te maken van uw leven met zowel de plezierige als verdrietige ervaringen, zwakke als sterke momenten, kan een soort *innerlijke ordening* of *grote schoonmaak* ontstaan.
Verder is het bijzonder prettig om uw verhaal eens onbelemmerd kwijt te kunnen. U zult merken dat er tijdens het schrijven allerlei 'vergeten' herinneringen naar boven komen. Niemand die zijn mening opdringt, u controleert op uw gevoelens of bevindingen.

Wat uw reden ook moge zijn voor het schrijven van uw Persoonlijk Document, het is altijd goed; het is uw persoonlijk besluit en alleen daarom al waardevol. Ook indien u dit alleen voor uzelf doet!
Als verteller wordt u meegenomen langs tal van suggesties waarover mogelijk iets gezegd kan worden. U bepaalt zelf waarover u wél en waarover u niet schrijft.

Schrijf!

Hoe u deze handleiding gebruikt

Bepaal eerst waarom en voor wie u het Persoonlijk Document gaat schrijven, hierdoor kiest u als het ware de vorm. Zo kan het zijn dat u, zogenaamd, een lange brief schrijft.
Besluit op welke plaats en op welk vast tijdstip van de week u werkt aan dit document. Als dat bijvoorbeeld tweemaal per week zal zijn, verdient het de voorkeur vaste momenten op twee opeenvolgende dagen te nemen. U zult merken dat dit prettig werkt. Reserveer ten minste drie uur per week.
Een klein notitieboekje en een pen dient u eigenlijk altijd bij u te dragen, want u zult onverwachts ideeën en herinneringen hebben die u later wilt verwerken.

De Inhoudsopgave vormt een eerste lijst van mogelijke onderwerpen. Lees die rustig door.
Ieder hoofdstuk kent suggesties, opsommingen en soms anekdotes. Laat u niet ontmoedigen door de hoeveelheid ervan. Zij zijn bedoeld als bouwstenen voor uw verhaal. U zult een aantal van deze bouwstenen gebruiken terwijl andere helemaal niet van toepassing op u zijn of u wilt ze gewoon niet gebruiken. Omdat het úw Persoonlijk Document moet worden, schrijft u over datgene waarover u zelf wilt schrijven en over wat u relevant vindt. Al het andere slaat u over! Pik er telkens een onderwerp uit waar u op dat moment het meeste 'zin' in heeft.

In de Inhoudsopgave treft u enige *Tussendoortjes* aan. In feite zijn het stuk voor stuk onderwerpen die u uitnodigen nog meer van uzelf te laten zien. Bij een woord als *zelfkritiek* moet u zich afvragen of u kritisch naar uzelf kunt kijken of niet. Gelukkig treft u ook woorden aan die het u veel eenvoudiger maken! Overpeins rustig uw leven, telkens weer. Het is de moeite waard. Vermijd opsommingen omdat die het verhaal slecht leesbaar maken. Aarzel niet om bepaalde gegevens of situaties te bespreken met anderen. Zij kunnen u helpen uw geheugen aan te vullen. Film, zoals Super-8 of video, foto's, brieven, aankondigingen, tekeningen, dagboeken, kranten en internet zijn tevens goede bronnen.

Het kan zijn dat u emotioneel hoge toppen en diepe dalen bereikt.
Houd vol!

U kunt uw Persoonlijk Document op verschillende manieren vastleggen.

GESCHREVEN
Zo kunt u het met de hand schrijven, of op de computer.
U volgt de suggesties die opgenomen zijn in deze handleiding.
Gebruik uw eigen taal en daarmee woorden die u normaal ook gebruikt. Geen chique woorden gaan zoeken als dat niet bij u past! Wees niet bang om taalfouten te maken. Achteraf kunt u correcties (laten) aanbrengen als u dat belangrijk vindt.
Neem voor ieder onderwerp een nieuwe bladzijde en zet de titel of het nummer van het betreffende hoofdstuk erboven, zodat u later alles eenvoudig kunt ordenen.
Voor schrijven met de hand is het prettig een gelinieerd notitieblok met ringband, geschikt voor multomap, te gebruiken. Kartonnen sorteerbladen kunt u gebruiken als hoofdstukaanduiding. Na het schrijven kunt u het blad uit het notitieblok halen en in de multomap bij het betreffende hoofdstuk voegen. Als uw Persoonlijk Document af is, kunt u overwegen de kartonnen sorteerbladen te vervangen door een ringbandtekenblad. Daarop zet u het onderwerp van het hoofdstuk. Dat maakt het mooier en bovendien prettiger om te lezen.
Het is raadzaam tussendoor kopieën te maken van het geschre-

vene of, indien u met de computer werkt, het niet alleen op de harde schijf maar ook op een diskette of cd-rom te bewaren.
Bewaar het apart op een veilige plaats.

GESPROKEN

U kunt uw Persoonlijk Document ook in gesproken woord vastleggen. Daartoe gebruikt u cassettes of een videocamera.
Indien u belang hecht aan een logische volgorde zult u eerst moeten bedenken waarover u wilt vertellen en in welke volgorde het opgenomen moet worden. U kunt natuurlijk ook verschillende cassettes en banden gebruiken waardoor de volgorde makkelijker achteraf te bepalen is. Ook hierbij is het raadzaam tussendoor zoveel mogelijk kopieën te maken en deze op een veilige plaats apart te bewaren.

BEGELEID

Wanneer zowel schrijven als inspreken moeilijk voor u is, kunt u wellicht een vertrouwenspersoon vragen u te begeleiden. De auteur van deze handleiding zal gaarne als zodanig optreden (info@etiset.nl).
De vertrouwenspersoon kan dit boek gebruiken om u vragen te stellen. U herhaalt de vraag en geeft het antwoord. Desgewenst kan de vertrouwenspersoon uw gesproken tekst op papier uitwerken. Als het af is, kunt u de vertrouwenspersoon vragen het voor te lezen aan u.

GEHEIMHOUDING

U kunt besluiten dat uw Persoonlijk Document pas gelezen mag worden op een bepaald moment door een persoon of instantie van úw keuze. In dat geval kan een notaris het voor u bewaren tot een nader door u te bepalen datum, zelfs als die in de verre toekomst ligt! Komt de notaris te overlijden of stopt hij met werken, dan zullen zijn zaken altijd worden overgedragen aan zijn opvolger. Dit in tegenstelling tot, bijvoorbeeld, een executeur testamentair.

1.

De aftrap

Tja, dit wordt een heel verhaal.
Waar te beginnen?
Bij het begin.
Dat is logisch en goed voor het overzicht.

Hoewel het misschien doet denken aan een uittreksel van de burgerlijke stand, zijn deze gegevens over u onontbeerlijk in uw Persoonlijk Document.
Uw:
geboortenamen
achternaam
adres
geboortedatum, -dag en -tijd
geboorteplaats en -land
nationaliteit
ras

Indien u geboren bent in het ziekenhuis; welk ziekenhuis en waar.
Bent u thuis geboren, wat zijn dan de adresgegevens.

Probeer in een voorwoord uit te leggen waarom u uw Persoonlijk Document schrijft.

2.

Prille jeugd

HERINNERINGEN

Wij woonden nogal afgelegen, in een klein dorpje. Er woonde maar één leeftijdgenootje en daar kon ik het goed mee vinden. Met onze fietsjes konden wij zorgeloos rondfietsen want verkeer was er nauwelijks. Wij speelden cowboytje, gingen theedrinken bij oudere mensen van wie je dus ook een koekje kreeg, hadden winkeltjes aan de straat met onze moeders als beste klanten. Will

Destijds ging mijn moeder met een grote emmer op de fiets naar de boer. Zij kocht er tien liter melk per keer. De emmer ging in de ijskast. 's Ochtends schepte zij eerst de room eraf en daarna werd er havermout gemaakt. Maurits

In de winter moesten wij in groepjes om de beurt voor de hoogtezon zitten. Eerst de meisjes, dan de jongens. Telkens in groepjes van drie. 'Mapje en Papje in het Hazenbosch', 'Pinkeltje' en ook bekende sprookjes werden aan de meisjes voorgelezen. De jongens werden voorgelezen uit 'Alibaba en de veertig rovers', 'Max und Moritz' of verhalen uit 'de Kameleon'. Hedwig

Hoewel wij Sint-Nicolaas vierden, lag het accent op Kerstmis. De adventskrans maakte mijn moeder zelf en er werd gestreden om wie op zondag een kaarsje mocht aansteken. In de week voor kerst was het in huis een bende. Overal lagen kerstversiering, dozen en linten, scharen en ijzerdraad. In de keuken kon je je niet meer bewegen, maar rook het heerlijk naar de zelfgebakken kerstkoekjes. Larissa

Hoe woonde u?*

Wat was uw adres en in welke plaats woonde u.

Beschrijf de soort woning, het interieur met vooral uw slaapkamer, maar ook de wijk.

Was er een tuin en wie waren de buren.

Leefde u in het eigen gezin of juist bij familie of anderszins, zoals in een pleeggezin of tehuis.

Huiselijke taferelen zijn er altijd wel. Welke herinnert u zich.

Het praktiseren van het geloof, de conversatie aan tafel, de sfeer, de gezelligheid, het plezier, musiceren, spelletjes spelen, sporten: geef een beschrijving.

Waren er huisdieren. Welke huisdieren, de namen van de dieren en het soort of ras. Was het huisdier speciaal van een gezinslid. Waar verbleef het overdag en waar 's nachts. Was er ergens een dierenbegraafplaatsje ingericht voor de eigen, overleden huisdieren. Hebt u nu ook een huisdier. Geniet u daarvan. Wat betekent dit huisdier voor u.

Welke muziek werd beluisterd. Werd er gemusiceerd. Door wie en op welk instrument.

Werd er voorgelezen. Wat waren de lievelingsboeken.

Vaak werden bepaalde huishoudelijke taken verdeeld. Had u zo'n taak.

Huishoudelijke apparatuur zoals wij die nu kennen bestond toen simpelweg nauwelijks. Ik zie mijn moeder nog de was doen op een wasbord en door de mangel halen. Hoe was dat bij u thuis.

Vele huishoudens hielden zorgvuldig een huishoudboekje bij. Iedere uitgave werd tot op de cent nauwkeurig opgeschreven. Men leefde vooral bij het hebben van contant geld. Per slot van rekening werd het salaris meestal contant uitbetaald: het loonzakje.

* Voor de leesbaarheid heb ik ervoor gekozen de vraagtekens zoveel mogelijk weg te laten.

De zondagsvreugde begon eigenlijk al op zaterdagmiddag na school. Ieder kind had zo zijn taken en de duidelijkheid daarover was eigenlijk heel prettig. Ik moest het grind aanharken. Ik vond dat heel stoer en vond ook dat ik het heel goed deed. Op het einde van de middag gingen wij om de beurt in de teil voor ons wekelijkse bad. Heerlijk! Hoewel, soms werd er ruziegemaakt over wie eerst mocht en hoe lang. Schoon in de pyjama terwijl de zondagse kleding al klaar hing. Bij het aanschouwen van die nette kleding voelde ik mij groeien! Konrad

Ook vaste rituelen, zoals de gang naar de kerk, visites, verjaardagen, de sportclub, herinnert u zich vast wel.

Het lopen van een krantenwijk had voor mij twee uitdagingen. Ten eerste kon ik helemaal zelf bepalen waar ik mijn geld aan uit zou geven. Aan snoep, speldjes of knikkers. Ten tweede stelde het mij in de gelegenheid om op woensdagmiddag 'de hele middag te lopen', hetgeen betekende 'snel de wijk lopen' en dan bij Peter thuis televisiekijken! Johan

Was u een buitenkind dat bijvoorbeeld graag hutten bouwde of bij het water speelde, of juist een stadskind dat het stadspark opzocht, of het kind dat graag binnen knutselde en bouwde. Wie waren uw speelkameraadjes.
Aan welke kinderboeken of -programma's op de radio of televisie hebt u bijzondere herinneringen.
Bedenk of er uitjes of vakanties waren waarover u iets zou willen schrijven.
Belangrijke gezinsgebeurtenissen zoals verhuizing of zelfs emigratie, geboorte, ziekte, medische hulp, overlijden, spanning rond publiek optreden van een van de gezinsleden, huwelijk, brand, natuurramp, werkloosheid, (financiële) problemen of een groot geheim kunnen het leven blijvend beïnvloeden.
Heeft die gebeurtenis uw leven later aanwijsbaar beïnvloed?

Hoe vindt u dat u opgevoed bent.
Hoe was het gesteld met uw gezondheid.
Uw eerste fiets, horloge, bril, bioscoopervaring, boek, (theater-) voorstelling, museumbezoek, liefde.
Hoe zag u eruit: gezet, mager, onbezorgd of verdrietig. Ging u modieus gekleed en welke haarlengte en -kleur had u.

Meestal knipte mijn moeder onze haren. Zij vond dit vanzelfsprekend en eenvoudig. Jongens werden zo kort geknipt dat ze bijna geen haar meer op het hoofd leken te hebben en meisjes werden bijgepunt, waarna het haar weer gevlochten werd. Alleen mijn vader ging naar een echte kapper. Ik vond altijd dat hij daarna zo lekker rook, hoewel ik niet meer weet waarnaar. Diane

Koesterde u bepaalde kleding. Iets wat u voor een bijzondere gelegenheid kreeg of juist iets eenvoudigs of degelijks.
Sint-Nicolaas: angst, zingen, het paard op het dak horen lopen, de frustratie dat hij niet blijkt te bestaan, surprises, gedichten, wie erbij waren, een bepaalde maaltijd. De kerstviering zal sterk afhankelijk zijn geweest (en wellicht nog zijn) van de geloofsovertuiging bij u in huis. Welke voorbereidingen werden er bij u getroffen en hoe werd kerst gevierd. Jarenlang vierden wij oud en nieuw met dezelfde groep mensen. Jong en oud verzamelden zich voor spelletjes, tv, dansen. Op oudejaarsdag bakte onze buurvrouw talloze oliebollen.
Vertel hoe dat bij u ging.

Belangrijke gebeurtenissen – binnen en buiten onze grens – in die tijd: technologische ontwikkelingen – bijvoorbeeld ruimtevaart – oorlog en vrede, armoede en rijkdom en de gevolgen daarvan.
De Nederlandse maatschappij: regering, staatshoofd, milieu, gezondheidszorg, sociale zorg, economie, de Kerk.

Hoe zou u deze periode van uw jeugd, samengevat, willen noemen?

LAGERE- OF BASISSCHOOLTIJD

Als de leraar ons aan het werk had gezet, maakte hij op zijn lessenaar een zakje open. Met een naald ging hij dan alikruiken zitten eten. Ik vond dat zo vies! Micha

De gymnastieklessen werden ook gebruikt ter voorbereiding op Koninginnedag. Op Koninginnedag gingen we naar school in een bepaald tenue. Vervolgens liepen we goed gedrild naar het plein voor het gemeentehuis alwaar wij per school onze kunsten vertoonden aan de burgemeester. De tekst van het Wilhelmus vond ik onbegrijpelijk. Karel

Als het koud was en wij met de fiets naar school moesten, hoopte ik dat wij geen gymnastiekles hadden. Ik was bang dat ik weer uitgelachen zou worden om mijn borstrok, die ik bij koud weer altijd aan moest. Elly

Zij waren heel arm, wij niet. Zij groeiden liefdeloos op, wij niet. Zij waren altijd heel aardig, wij niet. Want wij hebben een keertje bij die ene, die af en toe van mijn moeder met ons mee mocht eten, kiezelsteentjes in zijn pudding gegooid. Samen met de hulp hebben wij daar ook nog heel erg om gelachen. Mijn moeder niet! Toen zij jarig was, kwam dit jongetje op zijn stepje vijf kilometer door sneeuw en kou om haar te feliciteren. Hij verdiende en kreeg respect van ons allemaal. Henk

Over deze jaren valt vast en zeker veel te vertellen, afgezien van de kale feiten zoals de naam en de plaats van de school, of de jaartallen dat u daar gezeten hebt. Beschrijf of het een grote

school of juist een kleine was en hoe hij eruitzag. Misschien is het gebouw inmiddels vervangen door een ander gebouw. Bezocht u een school voor jongens en meisjes samen of juist niet. Bijzonder (Christelijk, Katholiek, Montessori, kostschool enz.) of Openbaar Onderwijs. Met of zonder schooluniform.
Hoe ging u naar school. Ging u alleen of juist met velen tezamen. Beleefde u onderweg weleens een avontuur.

> *Wij fietsten over dijken, bruggen en weggetjes naar school. Ik vond het wel stoer dat ik met mijn oudere broers mee mocht fietsen, want ik wilde graag bij hen horen. Eenmaal op mijn meisjesschool aangekomen werd ik uitgelachen omdat ik op een jongensfiets reed en ook nog typische jongensbroeken droeg. Beatrice*

Herinnert u zich namen van de leerkrachten en wat u van die leerkrachten vond.
Waren er vakken, zoals catechismus of godsdienst, aardrijkskunde, geschiedenis of muziekles, waarvan u denkt of weet dat ze nu zo totaal anders onderwezen worden.
Werd er gezongen, gedanst of toneelgespeeld.
Was er zwemles via school.
Hoe en door wie werden de rapporten uitgereikt.
Waar was u goed in en waarin juist niet.
Misschien bent u een keer blijven zitten. Was dat vervelend.
Schreef u met een inktpen die in de inktpot gedoopt moest worden, waarbij het vloeiblad telkens weer onontbeerlijk bleek.
Werd er gesport en waren er (dorps-)sportdagen.
Was er veel huiswerk te doen of was er toch tijd voor liefhebberijen na school. Welke waren dat dan.
Heerste er een sterke discipline of was het er juist erg vrij.
Het speelkwartier, de speelplaats, de spelletjes die de kinderen toen deden, de pesterijen, het soort lol dat er was. Wat was nou echte pret.

Indien u een schooltas had, hoe zag die eruit en wat zat er zoal in.
Wie waren uw vrienden of vriendinnen.
Hebt u nog vriendschappen uit die tijd.
Welk soort kattenkwaad werd uitgehaald.
Wat voor straffen werden er gegeven.
Herinnert u zich bepaalde incidenten.
Nu kennen wij de herfst-, kerst-, krokus-, voorjaars- of tulpvakantie en nog steeds de zomervakantie. Destijds was dat vermoedelijk wel anders!
De bijzondere (vrije) dagen die verbonden waren aan de kerkelijke gezindheid of bijzondere (vrije) dagen zoals Sint-Nicolaas, carnaval, Koninginnedag, dodenherdenking, bevrijdingsdag, vaderdag, moederdag of de verjaardag van een leerkracht; deed de school daar iets aan en zo ja, wat dan.
Mocht u op uw verjaardag 'uitdelen' op school en zo ja, wat deelde u uit.
Misschien had u op zaterdagochtend nog les.

> *Soms kregen wij op woensdagmiddag vijf cent van mijn moeder. Wij gingen dan naar het snoepwinkeltje van Keeke Braat, een oude dame met een onverzorgd uiterlijk. Enerzijds vond ik haar een beetje eng, anderzijds vond ik haar ook lief. In elk geval liet zij geduldig toe dat wij eindeloos stonden te wikken en te wegen alvorens tot een keuze te komen. (auteur)*

Voor sommigen was het een verademing om de basisschool te verlaten, voor anderen niet.
Het kan zijn dat u verplicht werd te gaan werken.

Hoe vond u het, samengevat, op deze school?

Indien u op de vroegere kleuterschool (nu groep 1 en 2) gezeten hebt en daar duidelijke herinneringen aan bewaart, dan kunt u daarover natuurlijk ook vertellen.

3.

Puberteit

HERINNERINGEN

Voor mij zijn er vier woorden het belangrijkst: Puch, Pukkel en roodharige Sophie. Maarten

Tijd om te puberen kregen wij niet echt. Ik moest gaan werken. Ik begon als hulp in de huishouding. Thuis moesten wij ook nog het huishouden doen. Na een paar jaar kon ik gaan werken in een naaiatelier. Daar heb ik het vak van coupeuse geleerd. Ik ben nu 57 jaar en werk nog altijd als coupeuse. Wil

Na de lagere school moest ik gaan werken. Dat was toen heel gewoon. Bij een werf vond ik een aanstelling als leerling-schilder. Ik had het naar mijn zin en werd een van de beste schilders. Dankzij mijn werk heb ik mijn echtgenote leren kennen. Zij moest ook na de lagere school gaan werken en werd hulp in de huishouding bij mijn baas. Toen ik het huis van de baas moest opschilderen werden wij verliefd op elkaar. Niet lang daarna moesten wij trouwen want mijn liefje bleek in verwachting. Wij hebben drie kinderen gekregen en zijn inmiddels trotse grootouders! Toon

Ik was zestien en dus te jong om met mijn oudere zuster en haar verloofde mee te mogen naar een diner. Dat diner werd speciaal voor het verloofde stel door een oom en tante gegeven. Ik vond het spijtig dat ik te jong was, want ik had het altijd zo gezellig met mijn nichten. Toen mijn zuster, haar verloofde en een andere zuster in de diligence stapten, stormde het

" INEKE, INEKE, WAT DOE JE PAPPIE EN MAMMIE NOU TOCH EEN VERDRIET... EN JE WAS ZO'N MAKKELIJK KIND TOEN JE KLEIN WAS. "

angstaanjagend hard. Enigszins bezorgd keken wij hen na. Terwijl zij langs de verschillende grachten reden, hebben zij doodsangsten uitgestaan voor met name de koetsier. Stel je voor dat hij van de bok zou waaien! Annie

Vanwege het werk van mijn vader woonden wij in Congo. Op een dag werden wij van school gehaald en kregen te horen dat wij moesten vluchten. Op weg naar de boot zagen wij mensen rennen en schreeuwen. Winkels en huizen brandden. Ik was zo bang. Het werd een lange en angstige rit. Zelfs toen wij op de boot zaten, waren wij nog bang. Wij moesten lang wachten op een vlucht naar België. Bijna alle buitenlanders waren gevlucht en iedereen verhuisde naar tijdelijke bestemmingen overal ter wereld. Ik besefte toen niet dat ik de meesten van mijn vrienden niet meer zou zien. Wij verloren alle spullen die wij in Congo hadden, maar dat was niet zo heel erg. Michiel

Laat de suggesties bij *Herinneringen aan de prille jeugd* opnieuw de revue passeren waarbij u ze tegen de achtergrond van déze periode van uw leven plaatst.
Toe te voegen valt: seksuele voorlichting, eerste liefdes, een stille liefde, liefdesverdriet, flaters, de ontdekking homoseksueel te zijn en hoe u daarmee bent omgegaan, de baard in de keel, menstruatie, zwangerschap en de gevolgen daarvan of een (ander) groot geheim.
Soms is humor of zijn bepaalde termen tijdgebonden. Waar onze kinderen het hebben over *cool*, hadden wij het over *gaaf*.
Bepaalde feestjes kunnen onvergetelijk zijn, zoals het feest na afloop van het danslesseizoen.
De een ging met een brommer op stap, de ander per fiets. Beschrijf waarmee u op stap ging.

De musical Hair was uitgekomen. Iedereen sprak erover. De muziek uit die film was het helemaal. Ik mocht er niet naartoe. De muziek beluisterde ik keer op keer zodat ik vele nummers mee kon zingen. Op een gegeven moment loog ik en zei de film natuurlijk ook te hebben gezien! Suzanne

Gezellig samen ontbijten op zondagochtend betekende tevens dat uitslapen er niet bij was. Was ik de nacht ervoor uitgegaan: pech dan. Het ontbijt samen was bij ons thuis een vast ritueel op zondagochtend. Gekookt eitje, toastje, thee met apart een kan gekookt water, klassieke muziek op. Alexander

Heimelijk en ook zichtbaar verliefd. Niet af en toe, maar om de haverklap. Wat een vermoeiende toestand! Het helpt mij mijn puberende dochters te begrijpen, hoewel zij daar waarschijnlijk anders over denken. De dagboeken die ik in mijn puberteit schreef, heb ik gedeeltelijk weggegooid uit angst dat de kinderen lezen dat het appeltje toch niet zo heel ver van de boom valt... Af en toe kom ik een ex uit die tijd tegen. Gelukkig kunnen wij dan hartelijk lachen om wat geweest is. Eline

Uw sociale gedrag en dat van uw omgeving en, indien van toepassing, de gevolgen daarvan.
Gedroeg u zich thuis anders of eigenlijk hetzelfde als op school, op de vereniging of bij sport en spel.
Misschien herkent u iets van uzelf: eigenwijs, onzeker, stil, blij, de lolbroek, vaak boos, geïnteresseerd, irritant, gehoorzaam, hulpvaardig.
Indien u geplaagd werd, hoe ging u daarmee om.
Stiekem een sigaretje, een biertje. Steeds meer en sterker en daarmee het begin van een verslaving.
Vormde uw gedrag aanleiding om in aanraking te komen met po-

litie, justitie, jeugddetentie of juist bijzondere medische opvang.
Beschrijf de omgang met uw ouders of verzorgers.
Had u contact met grootouders.
Dromen en verwachtingen of juist angsten en zorgen.
Had u inmiddels een duidelijke hobby ontwikkeld.
Volgde u een bepaalde mode of liet u dat over aan anderen. Denk hierbij aan: muziek, film, boeken, kleuren, geuren, drank, tabak en drugs, kleding en schoeisel, haardracht, make-up, bril en juwelen.
Beschrijf uw favoriete kleding.

Puberde u flink of viel het wel mee.
Hoe zou u uw puberteit, samengevat, willen noemen?

MIDDELBARE-SCHOOLTIJD

Op het internaat waar ik zat, was het verplicht om zwarte of grijze rokken te dragen. In dat 'uniform' moest ik naar de gewone school in het dorp. Ik zorgde ervoor dat ik een grote schooltas had, zodat ik er stiekem een lange broek in kon stoppen. Op de wc van de school verkleedde ik mij dan.
Laura

Mijn vrienden en ik gingen graag uit en dus was het leven duur. Altijd vonden wij wel weer een handeltje in het een of ander. Neen, niet in drugs of zo. Stapels tijdschriften van een maand eerder, een partijtje kleding van de dump uit een grote stad, goedkope stropdassen meegebracht uit den verre door een van de vaders, een paar dozen snoepgoed die een vader kocht tegen inkoopsprijs en die wij op school per stuk voor de gewone prijs verkochten, en uittreksels van boeken. Wij waren er trots op en hadden bovendien heel veel plezier.
Toon

Vanwege de oorlog heb ik mijn eindexamen niet kunnen doen. Toch kreeg ik mijn diploma. Ik vond dat heel gewoon. Marianne

Ik was al twee keer blijven zitten dus het was nu of nooit, vonden mijn ouders. Het eindexamenjaar was daarom niet leuk. Na school had ik eerst bijles, vervolgens moest ik thuis huiswerk maken totdat wij aan tafel gingen. Tijdens het eten overhoorden mijn ouders mij over allerlei onderwerpen. Daar hadden zij geen boeken voor nodig. Literatuur, geschiedenis, Latijn of Frans: zij waren zeer goed op de hoogte! Na het avondeten doorwerken tot ongeveer tien uur en het enige televisieprogramma dat ik zag was het journaal. Ik slaagde voor mijn eindexamen. Nu besef ik hoeveel plezier ik telkens weer beleefde aan alle veelzijdige gesprekken die ik destijds, verplicht, met mijn ouders voerde. Peter

Voor de een zou die tijd er nooit komen, voor de ander werd het de mulo, mms, hbs, mavo, vbo, havo, atheneum, het gymnasium of een andere opleiding. Laat u leiden door de suggesties die hiervoor gedaan werden onder *Lagere- of basisschooltijd.* Beschrijf de vakken die u kreeg, de eindexamenvakken die u koos en hoe u dat verging.
Waren er vakken in het bijzonder die u leuk vond.
Hoe stond het met uw sportprestaties.
Werd er gespijbeld en deed u daaraan mee.
Werden er op school verdovende middelen gebruikt en deed u daaraan mee.
Een ander soort interesse duikt in deze leeftijdsfase meestal ook op, namelijk verliefdheden.
Met wie was u bevriend en wat was toen belangrijk aan die vriendschap.
Wat deed u zoal na school: sport, gezelligheid, baantjes, vervelen, rottigheid uithalen.

Klassen- en schoolfeesten, bestuursfuncties.
Beschrijf de schooltas die u had en wat daar zoal in zat.
Was u zenuwachtig tijdens uw eindexamen of voor de uitslag.
Hoe vierde u het behalen van uw diploma. Welke muziek werd er gedraaid.
U kunt dit ook beschrijven bij voorgaande *Herinneringen.*

Tussendoortje I: muziek – zang – dans

Toen ik zestien jaar was, heb ik Rudolf Nurejev en Margot Fonteyn samen zien dansen. Het was in Londen. Ik was zo onder de indruk van de uitvoering en het feit dat ik dit heb kunnen zien, dat de tranen mij in de ogen stonden. Goed idee om mijn vader daar nog eens voor te bedanken. Pappie, bij deze: Dankuwel! (auteur)

Hebt u bijzondere herinneringen aan of gevoelens bij:
(zelf) dansen of de dans, klassieke of moderne uitvoeringen.
Door wie en waar.

Ik luister graag naar muziek, zeer uiteenlopende muziek. Van de klassieke componisten luister ik het allerliefst naar Bach. Vooral de Cantates van Bach vind ik prachtig. Ik ben geen klassieke-muziekkenner, noch speel ik zelf een instrument, maar de viool vind ik het fijnste instrument om naar te luisteren. Yehudi Menuhin heb ik gezien en gehoord. Trouwens, wat een prachtige man! Tijdens ons verblijf in Hongarije, waar wij vele concerten bezochten, viel ons de passie van de musici op.
Aan volksmuziek, als die van zigeuners maar ook de fado, klezmermuziek, de flamenco en reggae kan ik mij laven. Zo zou ik heel graag eens naar Jamaica gaan om de sfeer op te zuigen en stoned te worden van het dansen op die heerlijke muziek. Nou moet ik zeggen dat reggae voor mij maar één naam kent en dat is die van Bob Marley. Zowel mijn vader als mijn echtgenoot en een van onze kinderen genieten juist weer van jazz, terwijl ik daar altijd heel zenuwachtig van word. (auteur)

Hoe is dat voor u? Hebt u bepaalde gevoelens of gedachten bij:

muziekinstrument
klassiek, modern
opera
operette
orkest
concert
dirigent
solist
kostuums
componist
(concert-)zaal

zanger, zangeres
koor
popidool
musiceren
popgroep
jaartal
openluchtoptreden
cassettes, elpee, single, cd
afspeelapparatuur
verzameling aangelegd
componeren

4.

Adolescentie

ONGEVEER ACHTTIEN JAAR EN OUDER

Ik was heel verliefd op een meisje. Onze moeders zagen het wel zitten. De vader van mijn vriendin echter, vond het een goed idee als zij eerst nog even een aantal maanden afstand zou nemen. Zij reisde naar Bretagne en verbleef er bij een zeer nette, maar eigenlijk arme familie die een soort havezate bewoonde. Wij schreven elkaar. Ik schreef over het wel en wee van mijn motor en de landbouwmachines terwijl zij over het te paard opdrijven van vee en een aardige zoon des huizes schreef. Enigszins verontrust vertrok ik, onaangekondigd, met mijn motor naar Bretagne. Enkele maanden na haar terugkeer, deed ik mijn uiterste best onze bekoelde relatie nieuw leven in te blazen. Toen wij twintig waren, trouwden wij en dat is inmiddels ruim vijftig jaar geleden! Mijn vrouw schrijft eenmaal per jaar met 'de aardige zoon des huizes'. Ernst

De meesten van mijn vrienden studeerden. Hoewel ik ook op kamers woonde, werkte ik. Af en toe vloog ik naar Londen om er van toneel, ballet en concert te genieten. (auteur)

Studietijd, al dan niet in combinatie met een baan.

Het kan zijn dat u al werkte of begon met werken.
Ook als u de studie met een baan combineerde, kunt u de suggesties hierna volgen samen met die beschreven onder *Werkzaamheden.*
Het kan ook zijn dat u alleen een vakopleiding of studie volgde.
Bepaalde beschrijvingen die u onder de hoofdstukken *Jeugdhe-*

rinneringen en *Puberteit* deed zullen ook hier van toepassing zijn.

Ik heb tien jaar over mijn studie gedaan. Dat kon toen nog. Het laat zich raden dat ik vooral veel tijd besteed heb aan dingen die niets met mijn studie te maken hadden. Veelal zaken die geen enkel nut lijken te dienen. Toch vind ik dat ik toen veel waardevols geleerd heb. Het zijn onvergetelijke jaren en de meeste van mijn vrienden komen uit die periode. Gerard

Nieuwe onderwerpen kunnen zijn:
Alleen of met leeftijdgenoten met vakantie gaan.
Voor het eerst zelfstandig gaan wonen.
Rijlessen: auto, vrachtwagen of motor. Een kostbare grap. Betaalde u dit zelf of kreeg u ondersteuning.
Wat was uw eerste gemotoriseerde vervoermiddel.
Was de gekozen studie of het gekozen werk een weloverwogen keuze, een noodsprong of misschien een verplicht (opgelegd) nummer.
Hebt u nog altijd het gevoel dat die keuze juist was.
Indien u een opleiding in het buitenland volgde, voeg toe waarom u daar die opleiding deed en hoe die gefinancierd werd.
Sommigen leefden voortdurend met geldzorgen, anderen niet.
Verhoudingen: veelal alleen, wisselende en uiteenlopende partners, vaste relatie, seksuele relatie of een – verborgen – grote liefde.
Relaties: vriendschappen (oude en nieuwe), collega's, medehuisbewoners, studiegenoten, verenigingsleven, teamgenoten, clubgenoten of dispuutgenoten.
Beleefde avonturen met medestudenten.
Politieke interesses: lidmaatschap, demonstreren of anderszins actief betrokken bij, of geïnteresseerd in een bepaalde beweging.
Andere interesses zoals sport.
Familie: had u nog een ouderlijk huis en kwam u daar nog regelmatig. Hoe vond u dat. Veranderde de relatie met 'thuis'.

Welke culturele ervaringen zoals het maken van bijzondere reizen, het beluisteren van muziek, het bezoeken van musea, exposities en theater of bioscoop hebt u meegemaakt en hebben deze indruk gemaakt.
Misschien las u moderne literatuur.
Volgde u politieke, maatschappelijke en culturele ontwikkelingen.
Kleding: droeg u datgene wat van u verwacht werd of droeg u datgene dat u zelf het prettigst vond, modieus of juist niet.
Hoe zag u er verder uit: bril, haar, dik, mager, blij, zeker of juist onzeker.

Hoe zou u deze periode, samengevat, willen noemen.

5.

Militaire dienstplicht

IN OORLOGSTIJD

Deze twee woorden roepen veel pijnlijke herinneringen op. Mijn moeder zat in het verzet, totdat twee van haar kinderen sneuvelden. Op dat moment 'verloren' wij eigenlijk ook onze moeder. Na de oorlog werd ik opgeroepen voor Indië. Indië kan ik niet verwoorden, mijn thuiskomst wel: niemand had enige belangstelling voor mij, noch vroegen mijn naasten mij naar mijn geestelijke gesteldheid. Al met al betekent het dat ik, tot op de dag van vandaag, veel boosheid en verdriet voel. De nachtmerrie blijft zich herhalen gedurende mijn rusteloze nachten. Ik voel mij onbegrepen en eenzaam. Johannes

Mijn vader heeft het Nederlandse Leger in Indië gediend. Na de oorlog vluchtten wij naar Nederland. Bijna alles hebben wij achter moeten laten, zodat wij slechts met enkele koffers aankwamen. Het feit dat wij ondergebracht werden in kampen was voor mijn vader zeer pijnlijk. Vervolgens was het ondoenlijk werk te vinden, waardoor hij meer en meer een gefrustreerd man werd. Hoewel hij er zich nooit over uitgelaten heeft, vermoed ik dat hij spijt heeft van zijn militaire inzet destijds. Céline

OORLOGSERVARINGEN: ONDER DIENST MAAR OOK BUITEN DIENST

Tussen 1940 en nu liggen heel wat jaren en een veelvoud aan gebeurtenissen.
Niet alleen *Dienstplicht in oorlogstijd*, maar ook *Oorlog* verdient

bijzondere aandacht en respect. Het gaat over leeftijd, situaties, gevoelens, herinneringen, leed.
Een professor heeft eens gezegd dat het opschrijven van ervaringen het leed niet zal verlichten; een andere professor spreekt dit juist weer tegen.
Ik kan niet beoordelen of dit zo is. Wel weet ik dat sommige schrijvers concludeerden dat 'het toch enigszins bevrijdend is geweest het te doen, ook al vergeet je nooit en blijft het leven nog vaak moeizaam'.
Er zijn therapeuten die zich gespecialiseerd hebben in de begeleiding van mensen met oorlogsleed. Daarnaast ervaren sommigen, zo werd mij verteld, het als een soort erkenning boeken te lezen die geschreven werden door mensen die hun ervaringen wisten te verwoorden.
Documentaires maar ook tentoonstellingen kunnen een gevoel van respect geven.

MILITAIRE DIENSTPLICHT BUITEN OORLOGSTIJD

Zo'n veertig jaar geleden woonde ik bij een familie in Den Haag. Mijn gastouders hadden beroepshalve banden met de marine. Toen enkele schepen van de Spaanse vloot een bezoek brachten aan Amsterdam werd ik meegenomen voor een bezoek. Tevens mocht ik naar een avondfeest dat door de marine gegeven werd. Die avond werd ik hevig verliefd op een Spaanse marineofficier. Na zijn vertrek hebben wij vele brieven aan elkaar geschreven. Ten slotte zijn wij per provocatie, 'met de handschoen', getrouwd in New York! Nu is mijn man gepensioneerd en wonen wij in Spanje met onze zoon, schoondochter en drie prachtige kleinkinderen. Rutje

Een Engelse marineofficier was eens te gast op een Nederlandse mijnenveger. Toen de mijnenveger in eigen haven afgemeerd lag, bestelde een Nederlandse officier haring. Het wa-

ter liep iedereen in de mond bij het zien van de haring behalve bij de Engelsman. Hij zei: 'Only barbarians eat raw fish!' David

Ik was zestien jaar toen ik gevraagd werd voor het Assault. Het werd mijn eerste echte avondfeest. Om met de 'feeëntrein' vanuit Rotterdam naar Den Helder te kunnen reizen, hebben mijn ouders aan het schoolhoofd toestemming gevraagd voor een vrije dag. Het schoolhoofd gaf mij inderdaad vrij en wenste mij bovendien een heerlijk weekend toe! Het werd onvergetelijk. Marijke

Ieder die de dienstplicht vervuld heeft, wordt dringend uitgenodigd daarover te vertellen!
De dienstplicht kende zoveel verschillende facetten en tijden. Afgezien van de gewone feiten als waar, wanneer, met wie, welk onderdeel, 'vakken', hoe u presteerde, 'kattenkwaad' of herinneringen aan bijzondere momenten en prachtige feesten, is het goed om te vertellen over het tijdsbeeld. Het wel of niet mogen hebben van lange haren, vrouwelijke militairen, de vakbond, de nationale en internationale politiek of specifiek iets over het ministerie van Defensie op dat moment.

Het onderkomen, de dagindeling, de rangen, vrijetijdsbesteding, vrouwen en mannen, alcohol, drugs, het geloof, homoseksualiteit, verenigings- of sociëteitsleven vormen enkele suggesties. Interessant is te beschrijven hoe u deze periode ervaren hebt, wat uw gedachten over de Militaire Dienstplicht zijn en of u ergens spijt van hebt.

Hebt u ergens echt leuke herinneringen aan of eerder bijzonder pijnlijke.

Ik heb er alles aan gedaan om met S5 afgekeurd te worden. Dat is gelukt. Ik schaam mij er eigenlijk voor en durf zelden de werkelijke noch de oneigenlijke reden van afkeuring te noemen. Nick

Ik was de derde zoon en dat betekende dat ik geen dienstplicht had indien de oudste twee in dienst geweest waren. Nu ging mijn tweede broer plotseling niet in dienst, omdat hij kostwinner werd. Toch werd ik niet opgeroepen! Dat kwam mij goed uit, want ik had lang over mijn studie gedaan en moest zorgen dat ik na mijn afstuderen direct aan het werk kon gaan. Cor

Als u niet in dienst bent geweest, wat was daarvan de reden. Wat zijn nu uw gedachten daarover.

Tussendoortje II: theater – film – televisie – radio

Als ik naar een toneelstuk of een musical ga, vind ik kostuums en decor ook belangrijk. Hoewel ik niet regelmatig naar de film ga, vind ik het leuk dat een Nederlander een oscar won voor de beste animatiefilm. Voor een documentaire over flamenco, zigeuners, Yehudi Menuhin of García Lorca blijf ik op. Dat moet ook wel, want vaak worden deze pas zeer laat op de avond uitgezonden. (auteur)

Dat kan nou wel zo zijn voor mij, maar hoe is dat voor u?
Waar denkt u aan bij de woorden:

toneel
toneelstuk
film
documentaire
producent
acteur, actrice
decor
(begeleidende) muziek
kostuums
geluid, licht
tekenfilm
musical
televisie
televisieprogramma
radio
radioprogramma
hoorspelen
presentator, presentatrice
omroep
jaartallen

6.

Afstamming

Er zijn mensen met 'gewoon' een moeder, maar er zijn ook mensen met bovendien een pleegmoeder of een stiefmoeder over wie zij zouden willen schrijven.

Een moeder én een vader dient men ook als individu te zien. Daarom is in deze handleiding gekozen voor het individueel beschrijven van de moeder en de vader.

MIJN MOEDER

Haar voornamen en haar achternaam.
Haar geboortedatum, -plaats en -land.
Haar nationaliteit en ras.
De voornamen en de achternaam van haar moeder.
De voornamen en de achternaam van haar vader.
Wat is haar adres.
Is zij gehuwd (geweest) met uw vader. Waar en wanneer werd het huwelijk voltrokken.
Is zij weduwe geworden. Zo ja, wanneer.
Indien zij gescheiden is: sinds wanneer en waarom is zij gescheiden.
Met wie is zij bovendien getrouwd (geweest).
Over haar broers en zussen, halfbroers en halfzusters kunt u schrijven onder het gedeelte *Ooms, tantes, neven en nichten* in dit hoofdstuk.

Mijn moeder heeft naast het moederschap gewerkt.
Geef een beschrijving van haar opleiding, haar beroep, haar werkzame leven en haar eventuele werkgevers en van de periode die u hier globaal beschrijft.

Wat zijn uw gevoelens bij het beroep van uw moeder. Is het beroep van uw moeder haar vrije keuze geweest, of was zij daar niet echt vrij in. Hoe komt het, denkt u, dat zij voor dit beroep gekozen heeft. Weet u toevallig of zij veel liever iets heel anders had willen doen en wat dat dan geweest zou zijn.

Kunt u voluit zeggen: 'Ik houd van mijn moeder.'
Is zij altijd sterk in u geïnteresseerd geweest.
Wat vindt u het allerfijnste aan deze vrouw.
Wat mist u in deze vrouw.
Welke typische karaktereigenschappen dicht u haar toe.
Wat vindt u het mooist aan haar.
Humor? Wat voor soort humor. Welke grappen en geestige situaties herinnert u zich.
Bent u trots op uw moeder (geweest).
Waardoor hebt u misschien juist moeite met uw moeder (gehad) of haar geminacht.

Is er iets wat u haar nog wilt zeggen.
Is er iets wat zij u ooit gaf en wat nog altijd belangrijk voor u is.
Is er iets wat zij u ooit vertelde en wat nog altijd indruk op u maakt.
Hoe ziet of zag uw moeder eruit: streng, zacht, modern, ouderwets, bril, verzorgd, opgemaakt en uitgesproken vrouwelijk. Lang en opgestoken haar, of juist kort haar. Vertel ook iets over de kleur van het haar of andere typische kenmerken die u opvallend vindt.
Hoe denkt uw moeder: met de tijd mee, conservatief, beperkt, open of geïnteresseerd.
Wat zijn haar hobby's en (maatschappelijke) interesses.
Heeft zij een bepaalde voorkeur voor bijvoorbeeld kleuren, interieur, reizen, juwelen, muziek, schrijvers of politiek.
Misschien kunt u iets over haar gezondheid vertellen en of er erfelijke ziekten voorkomen in haar familie. Zo ja, welke.

Indien uw moeder overleden is: wanneer, waar en waaraan is zij overleden.
Hoe hebt u dit ervaren en hoe ervaart u dit nu.
Wist zij dat zij stervende was en hebt u afscheid van haar kunnen nemen.
Hebt u uw moeder nog opgebaard gezien.
Hoe hebt u dit ervaren.
Waar is uw moeder begraven of gecremeerd. Waar is de as.
Op welke manier gedenkt u haar.

Indien uw ouders jong, kort na elkaar of zelfs tegelijkertijd kwamen te overlijden, beschrijf dan de consequenties die dit voor u had.
Hoe hebt u dit ervaren en hoe ervaart u dit nu.
Misschien is het een idee een kort en krachtig eerbetoon aan uw ouders te schrijven.

MIJN VADER

Het is mogelijk dat, indien u over uw vader vertelt, u schrijft over de man die misschien niet uw biologische vader is maar wel als vader optreedt of opgetreden heeft.

Mijn vader.
Zijn voornamen en zijn achternaam.
Zijn geboortedatum en -plaats en -land.
Zijn nationaliteit en ras.
De voornamen en de achternaam van zijn moeder.
De voornamen en de achternaam van zijn vader.
Wat is zijn adres.
Is hij gehuwd geweest met uw moeder.
Waar en wanneer werd het huwelijk voltrokken.
Is hij weduwnaar geworden. Zo ja, wanneer.
Indien hij gescheiden is: sinds wanneer en waarom is hij gescheiden.

Met wie is hij bovendien getrouwd (geweest).
Over zijn broers en zussen, halfbroers en halfzusters kunt u schrijven onder het gedeelte *Ooms, tantes, neven en nichten* in dit hoofdstuk.

Geef een beschrijving van zijn opleiding, zijn beroep, zijn werkzame leven en zijn eventuele werkgevers en van de periode die u hier globaal beschrijft.
Wat zijn uw gevoelens bij het beroep van uw vader. Is het beroep van uw vader diens vrije keuze geweest, of was hij daar niet echt vrij in. Hoe komt het, denkt u, dat hij voor dit beroep gekozen heeft. Weet u toevallig of hij veel liever iets heel anders heeft willen doen en wat dat dan geweest zou zijn.

Kunt u voluit zeggen: 'Ik houd van mijn vader.'
Is hij sterk in u geïnteresseerd geweest.
Wat vindt u het allerfijnste aan deze man.
Wat mist u in deze man.
Welke typische karaktereigenschappen dicht u hem toe.
Wat vindt u het mooiste aan hem.
Humor? Wat voor soort humor.
Welke grappen en geestige situaties herinnert u zich.
Bent u trots op uw vader.
Waardoor hebt u misschien juist moeite met uw vader (gehad) of hem geminacht.

Is er iets wat u hem nog wilt zeggen.
Is er iets wat hij u ooit gaf en wat nog altijd belangrijk voor u is.
Is er iets wat hij u ooit vertelde en wat nog altijd indruk op u maakt.
Hoe ziet of zag uw vader eruit: streng, zacht, modern, ouderwets, bril, verzorgd, uitgesproken mannelijk, flinke haardos of juist niet. De kleur van het haar en andere typische kenmerken die u opvallend vindt.

Hoe denkt uw vader: met de tijd mee, conservatief, smal, open of geïnteresseerd.
Wat zijn de hobby's en (maatschappelijke) interesses van uw vader.
Heeft hij een bepaalde voorkeur voor bijvoorbeeld muziek, schrijvers, politiek, reizen, auto's of rookwaren.
Misschien kunt u iets over zijn gezondheid vertellen en of er erfelijke ziekten voorkomen in zijn familie. Zo ja, welke.
Indien uw vader overleden is: wanneer, waar en waaraan is hij overleden.
Hoe hebt u dit ervaren en hoe ervaart u dit nu.
Wist hij dat hij stervende was en hebt u afscheid van hem kunnen nemen.
Hebt u uw vader nog opgebaard gezien.
Hoe hebt u dit ervaren.
Waar is uw vader begraven of gecremeerd. Waar is de as.
Op welke manier gedenkt u hem.

Indien uw ouders jong, kort na elkaar of zelfs tegelijkertijd kwamen te overlijden, beschrijf dan de consequenties die dit voor u had.
Hoe hebt u dit ervaren en hoe ervaart u dit nu?
Tracht een kort en bondig eerbetoon aan uw ouders te schrijven.

MIJN GROOTOUDERS

Op zondag bezochten wij mijn grootouders. Toen ik heel klein was moest ik weleens een middagdutje doen in een logeerkamertje. De geur van dat logeerkamertje kan ik nu, ruim veertig jaar later, nog ruiken. Marie

Mijn grootmoeder kon, zelfs op 94-jarige leeftijd, zeer beeldend vertellen. Zo sprak zij over het vervoer per diligence, over haar eerste vlucht in een klein vliegtuigje, over goede doelen die in die tijd door haar en haar familie getrouw met giften bedacht werden. Tegelijkertijd kon zij zich goed in de veranderingen van de tijd inleven. Graag vertelde ik haar over hetgeen ik beleefde en altijd had zij dan leuke en toepasselijke opmerkingen en vragen. Simon

Mijn grootouders hadden een heel verschillende achtergrond. Toch was het voor hen destijds logisch om te trouwen. Zij deden dit in de jaren twintig. Een gewaagde onderneming, want ook hun geloofsovertuiging verschilde. Bovendien had de een gestudeerd, veel gereisd en de ander niet. Knap dat zij elkaar altijd trouw gebleven zijn, hoe verschillend zij ook waren. De verschillen zagen en voelden wij wel, maar omdat wij ermee opgroeiden, vonden wij het heel normaal. Derk

Mijn grootouders zijn heel jong getrouwd. Het huwelijk was eigenlijk gearrangeerd door mijn overgrootouders. Mijn grootouders vonden dat gewoon. Ik weet niet of het gespeeld was of echt, maar in elk geval was het voor mij een echtpaar met een sterke saamhorigheid. Ik heb van ze genoten! Karima

Niet iedereen kan zeggen het voorrecht te hebben of te hebben gehad zijn of haar grootouders niet alleen gekend, maar ook bewust meegemaakt te hebben. Het kan ook zijn dat u uw grootouders wel gekend of meegemaakt hebt, maar dat u dat niet als een voorrecht hebt ervaren.

Wanneer u dit Persoonlijk Document voor uw nageslacht schrijft, is het belangrijk dat u de vragenlijst over uw ouders erbij neemt en tracht zoveel mogelijk feiten over uw grootouders op te schrijven.
In elk geval is een beschrijving van de sfeer bij uw grootouders belangrijk.
Bij voorkeur gaat het dan niet over de periode dat uw grootou-

ders in een bejaarden- of verzorgingstehuis woonden, maar over de sfeer vroeger bij hen thuis.
Soort huis, tuin, moestuin, omgeving.

Als ik mijn grootmoeder niet in huis vond, wist ik dat zij in de tuin liep met een snoeischaar. Rozen waren haar specialiteit. Klein en mollig was ze. Zon vond ze heerlijk, maar toch droeg ze een hoedje. Dat hoedje zag ik dan tussen de rozen bewegen. Ik vind het leuk dat ik mij haar zo herinner: trots te midden van haar rozen. Floor

Herinnert u zich bepaalde typische dingen aan het huis, zoals een geur of meubelen of een bepaalde kamer.
Het kopje koffie, waarvoor eerst de bonen met de hand gemalen werden, waarna een klein schepje Buisman werd toegevoegd. Samen een borreltje drinken en de politiek bespreken.
Leefden zij sober of juist niet, waren zij sociaal betrokken, warm of kil.
Waren er tradities waaraan zij hechtten.

Mijn grootvader hield ervan ons te verwennen. Als mijn grootouders met Pasen bij ons kwamen dan had hij altijd een reuze groot chocolade-ei voor ons gekocht. Dat ei stond op een soort plateau. Het ei was een nagemaakt huis voor kleine haasjes. Er was een raampje met luikje, een trappetje, bloemetjes tegen de gevel, haasjes in jurkjes of broekjes en zelfs met hoedjes op. Alles konden we opeten, behalve de haasjes. Carine

Woonden de meeste familieleden in de directe omgeving.
Hoe vervoerden uw grootouders zich. Gingen zij met vakantie en zo ja: wat voor vakanties waren dat.
Bezochten zij concerten, toneel of ballet of konden zij genieten van een bepaald radio- of televisieprogramma.
Kon u goede gesprekken met ze hebben over van alles en nog wat.

Hadden zij bepaalde hobby's of interesses. Herkent u iets van hen bij uzelf.
Werden er bepaalde, misschien traditionele, gerechten bereid die u misschien nu ook maakt.
Vond u het leuk om hen te bezoeken. Toonden uw grootouders interesse in u. Ondernamen zij dingen met u.
Welke herinneringen koestert u aan uw grootouders.

Een goed moment om met mijn grootvader te praten was tijdens een borreltje. Beiden dronken wij dan een glas whisky. Wij spraken over politiek, over mijn verliefdheden, over de plannen die wij hadden. Gelukkig besefte ik toen al hoe bijzonder dit voor ons beiden was. Michiel

Het doorlezen van de hoofdstukken *Prille jeugd*, *Puberteit* en *Religie*, maar ook de *Tussendoortjes*, kan u nog op talloze anekdotes over uw grootouders brengen.

BROERS EN ZUSTERS

Zes jaar leeftijdsverschil is veel als de een achttien en de ander twaalf is. Dit was het geval toen het bedrijf van onze vader failliet dreigde te gaan. De manier waarop mijn broer toen trachtte onze ouders maar ook de broers en zusjes tot steun te zijn, was heel bijzonder. Als gezin zijn wij sterker uit die strijd gekomen. Vooral de saamhorigheid en het onderlinge respect tussen broers en zusters is daardoor tot op de dag van vandaag een gouden bezit. Bert

Tjonge, jonge, wat werd er onderling gepest. Het ging er hard aan toe. Tijdens de puberteit veranderde dat al en nu is het zo dat we niet zonder elkaar kunnen. Niet dat wij elkaar veel zien, maar we weten dat wij er voor elkaar zullen zijn indien het moment daar is. Guus

Met mijn zus heb ik al dertig jaar geen contact meer. Ik denk ook niet dat dit nog kan. Toch mis ik het wel. Ik zou best graag van haar willen horen wat zij denkt en waarom zij meent dat het toen zo gelopen is. Of dit nog te veranderen valt? Men zegt dat ik daar niet op mag hopen. Ik vrees dat het inderdaad zo is, maar het laat mij niet los. Hannie

Naast de droge gegevens van de burgerlijke stand zult u vast en zeker ook herinneringen hebben.

Begin met de gewone gegevens als:
Geboortenamen, -datum en -plaats.
Woonplaats en adres.
Burgerlijke staat.
Beroep.
Indien overleden: oorzaak, datum en plaats. Waar is het graf of de urn.

Beschrijf de impact van het overlijden van uw broer(s) of zusje(s) op u persoonlijk en op het gezin.

Tot het overlijden van mijn vierjarige zusje, vormden wij een hecht gezin en maakten het goed. Haar overlijden heeft diepe sporen bij mij achtergelaten. Als elfjarige vond ik wel dat ik verdrietig mocht zijn, maar ik vond ook dat ik sterk moest zijn om zo mijn ouders te ontlasten. Jarenlang hield ik dat vol, hoewel ik wist dat ik mijn verdriet eigenlijk verdrong. Inmiddels ben ik getrouwd en hebben wij kinderen. Het verdriet bleef en de angst om een van onze kinderen te verliezen kwam erbij. Het besluit professionele hulp in te roepen was goed. Het bleek een start te zijn in mijn daadwerkelijke rouw. Bewust heb ik daar rustig de tijd voor genomen. Inmiddels ben ik vijftig en heb ik onlangs eindelijk met mijn ouders over het overlijden van mijn zusje kunnen praten. Het heeft ons al-

lemaal goed gedaan om het samen over haar te kunnen hebben. Over wie zij was, over wat ze zoal heeft gezegd en over wat ze leuk heeft gevonden om te doen. Even werd haar overlijden voorzichtig aangeroerd, waarna de intentie uitgesproken werd het hier binnenkort uitvoerig over te hebben.
Richard

Toen een van mijn broers ernstig ziek was, vertelde hij mij zich zeer eenzaam te voelen. Hij wilde zijn echtgenote niet te veel belasten met zijn verdriet noch met zijn zorgen. Een boom van een vent en voor mij altijd 'mijn grote broer'. Uren, dagen en nachten brachten wij samen door. Onze gesprekken waren heel intens. Meestal kwam ik uitgeput thuis, maar tegelijkertijd ook zó dankbaar voor de uren die wij samen tenminste nog hadden. Liliane

De broer of de zuster als persoon.
Bij het hoofdstuk *Prille jeugd*, maar ook elders in uw Persoonlijk Document kan een broer of zuster al genoemd zijn.
Op deze plaats kunt u uw gevoelens voor een bepaalde broer of zuster beschrijven.
Groeide u in de loop van de jaren uit elkaar of juist niet.
Beschrijf ieders plaats in het gezin.
Wat ondernam u vroeger zoal met de een of met de ander.
Komt het er nog van om samen iets te ondernemen.
Haalde u samen kattenkwaad uit en wat waren de gevolgen ervan.
Deelde u interesse, lief en leed maar ook triomfen.
Is er sprake geweest van trots en jaloezie. Behalve het uiterlijk kan het karakter sterk verschillen.

Toen mijn zus ging trouwen was ze dertig jaar. Wij vonden haar aanstaande gewoon een engerd. Het gevolg was dat die huwelijksdag helemaal niet leuk was en ik 's avonds dacht: 'Nu heb ik een zus verloren.' Het heeft vele jaren geduurd voordat het tussen de familie en die twee een beetje boterde en echt goed is het nooit meer gekomen. Ik vind dat heel erg. Carolien

Mijn broer was bang dat ik met 'de verkeerde' zou trouwen en vond dat hij daar wat aan moest doen. Ik woonde in die tijd met vriendinnen op een etage. Ineens kwam deze broer een aantal keren 'heel toevallig' gezellig langs met vrienden en vriendinnen. Ik vond het een beetje vreemd, maar... ik ben inmiddels al twintig jaar getrouwd met een van die vrienden! Els

Tijdens onze lagere-schooltijd pestten wij elkaar alsof onze levens ervan afhingen. Dat veranderde drastisch tijdens de middelbare-schooltijd! Hij aan de vrijerij met vriendinnen van mij, ik aan de vrijerij met vrienden van hem. Ik weet nog hoe geweldig ik het vond dat hij aan mij een foto liet zien van zijn geheime rokersclubje: een vage zwartwitfoto van een groepje jongens in het bos achter hun school, allemaal lang haar en ribbroeken en kistjes aan. Lieve

Hebt u ergens spijt van of is er iets wat u nog nooit hebt durven zeggen aan een broer of zuster?
Vergeet vooral niet bijzonder dierbare herinneringen te beschrijven.

Gegevens over de samenstelling van het gezin van uw broer of zuster kunnen nuttig zijn indien u dit Persoonlijk Document samenstelt voor het nageslacht. Er kunnen ook andere redenen zijn om over hen te schrijven. Maar misschien vindt u het welletjes zo!

OOMS, TANTES, NEVEN EN NICHTEN

Een van mijn tantes leek wel een modepop. Ik merkte dat mijn moeder zich hieraan ergerde. Hoewel ik het misschien ook een tikkeltje overdreven vond van zo'n tante, die ik dus oud vond, was ik ook een beetje jaloers op haar perfectie. Trudy

Mijn oom stond bekend als een ietwat rare man. Dat 'rare' kwam vooral doordat hij niet zo toegankelijk was en meestal niet veel zei. Opvallend was echter wel dat, als hij een cadeautje meenam, het altijd iets heel persoonlijks was, dat hij duidelijk met veel zorg uitgezocht had. Arend

Familiebanden kunnen hecht zijn en een belangrijke invloed hebben op iemands leven.
Of het nu voor het eigen inzicht is of voor een volgende generatie, ook dit onderdeel van uw Persoonlijk Document kan van betekenis zijn.

Mijn oudste neef vond dat hij altijd alles beter wist. Ik vond het een echte opa. Doodmoe werden wij ervan. Inmiddels zijn wij veertig jaar verder en is 'opa' een gezellige en dierbare neef. Ruud

De een zal er behoefte aan hebben zo volledig mogelijk te zijn en dus ook de bekende gegevens van de burgerlijke stand opnemen, de ander wil volstaan met een paar simpele feiten en volop herinneringen: zowel de leuke als de minder leuke of zelfs heel vervelende. Voor de gegevens over de burgerlijke stand kijkt u naar de suggesties gedaan in het hoofdstuk *Broers en zusters.*
Voor overige suggesties kunt u ook de hoofdstukken *Mijn grootouders, Broers en zusters* en wellicht ook *Religie* doornemen.

Tegen het einde van een zomervakantie gingen mijn nichtje en ik onze grootouders bezoeken. Onze grootvader vroeg ons het hemd van het lijf. Hij wilde zelfs weten of we verliefd waren en of we ons wel gedragen hadden. Niet uitgesloten is dat wij hem ineens vervelend vonden omdat wij ons vooral betrapt voelden! Sonja

Beschrijf tevens of het om een oom, tante, neef of nicht gaat van uw moeders of van uw vaders kant.
Is, bewust of onbewust, een van hen medebepalend geworden of gebleken voor het verloop van uw leven. Zo ja, waardoor.

PEETOOM OF PEETTANTE

Mijn peetoom en peettante hebben mij altijd enorm verwend. Mijn eerste bioscoopervaring had ik toen ik bij hen logeerde. Samen met hun dochter, mijn achternichtje, gingen wij naar de film The Sound of Music. Een onvergetelijke ervaring voor mij. Eleonore

Zo'n heerlijke suikeroom of -tante die u altijd wist te verwennen. Zijn er ook vakantieherinneringen met hen.

WEBSITES OVER AFSTAMMING

Voor informatie over afstamming, ofwel genealogie, kunt u terecht bij:

Centraal Bureau voor Genealogie
Prins Willem Alexanderhof 22
Postbus 11755
2502 AT Den Haag
www.cbg.nl

Mocht u over internet beschikken dan kunt u ook achter 'www.' uw familienaam tikken met .nl of .com erachter. De verschillende zoekmachines kunnen grote verrassingen opleveren!

Tussendoortje III: boeken (algemeen en literatuur)

De ene maand lees ik enkele boeken, de volgende maand komt er niets van. Het genre verschilt. Ik kan literatuur probleemloos afwisselen met een detective. De bibliotheek bezoek ik graag omdat ik er rustig kan snuffelen tussen het enorme aanbod. Ondanks onze vele verhuizingen hebben wij nooit boeken weggegooid. De kinderboeken hebben een speciale plaats in ons huis en kennen een grote variëteit. Vroeger mochten wij wel stripverhalen lezen, maar dat was niet voor iedereen zo. (auteur)

Kunt u iets vertellen over uw gedachten bij:

schrijvers
lezen
boeken
kinderboeken
verhalen
literatuur
stripverhalen
illustratoren
tijdschriften
bibliotheek
kranten
lezen in een buitenlandse taal

7.

Als kind voelde ik mij anders dan anderen

Meestal is het niet leuk om anders dan anderen te zijn, zeker niet als kind.
Voor de een kwam die bevinding op jonge leeftijd, voor de ander later.
Voor de een was het 'totaal geen probleem' of 'niet zo'n probleem', terwijl het dat voor een ander nou juist wel was!

Beschrijf de feiten die u kent, maar beschrijf ook wat u niet weet, maar zou willen weten.
Beschrijf tevens waarom u bepaalde antwoorden nog niet vond.
Wat is nú uw mening hierover en hoe voelt u zich hierbij.

Ik ben het kind van:
- dat weet ik niet, want ik heb mijn ouders nooit gekend.
- verzorgers, personen niet zijnde mijn biologische ouders.
- naar mijn gevoel instanties zoals tehuizen.
- een buitenechtelijke relatie.
- een jong overleden vader, moeder of ouderpaar.
- ouders van wie de vader of de moeder door zelfdoding om het leven kwam.
- ouders die, toen ik jong was, uit elkaar gingen.
- een gehandicapte ouder of gehandicapt ouderpaar.
- een verslaafde aan alcohol, drugs of gokken.
- een homoseksuele vader en een heteroseksuele moeder (of andersom).
- homoseksuele ouders.
- een bewust ongehuwde moeder.
- een gedetineerde.
- mijn biologische vader, maar mijn moeder is niet mijn biolo-

gische moeder (of andersom).
- iemand die grote bekendheid geniet.
- iemand die een beroep uitoefent of uitoefende waar ik mij zeer voor schaam of schaamde.
- ouders die huiselijk geweld gebruikten.
- iemand die de auteur hier niet heeft beschreven, namelijk...

Het kan ook zijn dat u zich als kind anders voelde omdat u:
- gehandicapt bent geboren of gehandicapt bent geraakt.
- niets zei en dus zweeg over wat u toen al zag of hoorde en u verdriet deed.
- u ontdekte dat uw seksuele geaardheid afweek van het gewone verwachtingspatroon.
- zich – weliswaar onterecht – verantwoordelijk voelde voor wat zich thuis afspeelde.

Denkbaar is ook dat u een bepaald talent had dat door uw omgeving wel erg sterk benadrukt werd:
- het moeten bespelen van een bepaald instrument.
- het moeten uitblinken in een bepaalde sport.
- de clown spelen, dus nooit serieus genomen worden.
- de intelligente zijn, dus altijd hoog moeten scoren.

Het kan ook zijn dat u nergens een bijzonder talent voor had en daardoor ongelukkig werd.

Hebt u inmiddels een manier gevonden om hiermee om te gaan en hebt u daarbij enige hulp van anderen ondervonden.

8.

Als volwassene voel ik mij anders dan anderen

Soms voelt iemand zich anders dan anderen.
Soms is iemand anders dan anderen.
Wat daarvan de reden is, is zeer persoonlijk.
De oorsprong daarvan kan gebaseerd zijn op feiten en gevoelens.

Weet u het nog? Nú is het moment u uit te spreken zonder inmenging van anderen.
Dus... daar gaat-ie dan!

Leest u, om te beginnen, de suggesties onder het hoofdstuk *Als kind voelde ik me anders dan anderen* door. Het zal u op gedachten brengen.
Denk rustig na over hoe u er hier, in dit Persoonlijk Document, over wilt vertellen.
Denk ook na over kleine dingen, de details.
Als het opgeschreven is, probeer dan een soort conclusie te formuleren over wat dit nu eigenlijk op dit moment voor u betekent.

Tussendoortje IV: uit en thuis

Uit. De ene keer heb ik er echt zin in, de andere keer hé-lemaaaal niet! Soms ben ik thuis en voor mijn gevoel toch uit. Ik kan mij dan ook feestelijk kleden. Feestelijk gekleed is voor mij een lange wijde rok; mooie stof, verschillende kleuren. Mijn vrienden zeggen wel dat ik een blonde gitana ben. Krijgen wij gasten te eten, dan kan ik eindeloos bezig zijn met het dekken en versieren van de tafel. Ik vind dat erg leuk om te doen en bovendien belangrijk. Dat ik vervolgens vergeet de aardappelen te koken, interesseert mij eigenlijk niet. Het is alleen niet ondenkbaar dat mijn gasten daar anders over denken!
Kleuren, geuren en juwelen zijn belangrijk voor mij. Ons interieur kan ik zo herleiden naar mijn Oostenrijkse grootmoeder, wat betreft het soort meubelen en de kleuren van de stoffering. Kies ik een parfum, dan is dat een geur die min of meer bij haar gepast zou hebben. Als ik rozen zie en ruik, dan denk ik aan haar in haar rozentuin. Als ik naar juwelen kijk, bespreek ik die, in gedachten, met mijn Italiaanse grootmoeder. Toen zij nog leefde, zei zij wel dat wij 'als eksters onder elkaar' waren. (auteur)

Wanneer u de volgende woorden leest, welke gevoelens, feiten, herinneringen schieten u dan te binnen?

ontvangen
geuren
kleuren
juwelen en horloges
interieur

verkleedpartijen
bepaalde stijl
smaakontwikkeling
gasten thuis aan tafel
gasten mee uit

koken
eten
verjaardagen
biologisch, kant-en-klaar
drank
snoepen
ontvangsten, diners
uitgaan: café, restaurant,
disco, feesten,

kleding
stropdassen en schoenen
schoenen, tassen, hoeden en
handschoenen
optutten
kapper, schoonheidsspecialist,
manicure
feestdagen
'gezellig'

9.

Werkzaamheden, werkzoekende of met pensioen

HET WERKZAME LEVEN

Het werkzame leven kent vele kanten en neemt een belangrijke plaats in ons leven in.
Helaas raken velen 'overtollig', een situatie waar zij niet om gevraagd hebben. Een lastige situatie voor betrokkene en, veelal, het thuisfront.
Daarnaast gaan dagelijks mensen met pensioen.
Voor de een is dat een vreugde, voor de ander een onuitgesproken zorg.

Destijds, ruim zestig jaar geleden, was het voor mijn ouders niet eenvoudig duidelijk richting te geven aan mijn toekomstige werkzame leven. Door onze achtergrond hoorde je te kiezen voor een maatschappelijk georiënteerde toekomst waarbij de uiteindelijke 'rang' wel degelijk telde, maar de inkomsten geen primair doel mochten zijn. Zo hoorde het. Ik wilde graag een andere weg bewandelen. Dat werd in den beginne een moeizame weg. Door gewoon te gaan werken riskeerde ik het brood uit de mond te stoten van een medeburger. Dat hoorde niet. Door nood gedwongen kon dat aspect van de opvoeding van mijn ouders na de oorlog niet meer opgaan. Dat maakte voor mij de weg vrij naar ondernemerschap zonder gerichte opleiding, maar betekende eveneens zwaar bekeken te worden. Geen eenvoudige weg, maar het bleek voor mij wel de juiste weg te zijn. Leopold

Als gedetineerde moest ik werken. Ik vond het vervelend werk. De chef van de afdeling was streng en bemoeide zich altijd overal mee. Maar ja, ik had tenminste iets te doen. Arie, ex-gedetineerde.

"ZE HADDEN OP HET HOOFDKANTOOR NOG NOOIT VAN MIJ GEHOORD"

Een belangrijk deel van mijn leven heb ik gezeten. In het begin schrobde ik mijn woede en frustraties weg. De vloeren glommen en werden complete glijbanen! Op dat moment vond ik dat fijn om te doen. Later mocht ik in de kas gaan werken. Lekker buiten en ook zo rustig. Ik heb daar veel geleerd en nagedacht. Ik kwam er ook wel tot rust. Hans, ex-gedetineerde.

Mijn naasten maken vaak, terecht, grapjes over het feit dat ik zeer uiteenlopende banen gehad heb in mijn leven. Nu dient gezegd dat er op enig moment wel degelijk structuur ontstond en al die verschillende eerdere banen een goede voedingsbodem bleken voor hetgeen ik uiteindelijk zou gaan doen. Ik heb met veel plezier gewerkt voor en met mensen in een maatschappelijke functie. Door de functie en de ervaring hoef ik mij geen zorgen te maken over de overgang van werken naar pensionering, daar de keuze bij mijzelf zal liggen welke bestuursfuncties ik wél zal aannemen en welke niet. Herman

Mijn broers hebben allemaal goede banen. Ik niet. Ik heb een handicap. Men zegt dat ik 'anders' ben. Ik ben 46 jaar en woon inmiddels zelfstandig. Hoewel ik een toelage krijg, ben ik erg blij met mijn werk. Drie dagdelen per week werk ik in de ouderenzorg en bovendien ben ik actief in onze belangenvereniging. Het geeft mij enorme voldoening. Bert

Ik voelde mij vrij de familietraditie niet te volgen. De uit traditie gekozen studie maakte ik net niet helemaal af. Ik switchte naar iets heel anders. Na mijn afstuderen koos ik bewust voor een carrière in de lijn van die studie. Althans, dat dacht ik toen. Nu, twintig jaar later, weet ik dat de destijds gemaakte keuze eigenlijk helemaal niet bij mij past. Inmiddels heb ik een groot gezin en tracht ervaring, kennis en interesse te combineren in mijn huidige functie, waarbij ik zoveel mogelijk trouw ben aan mijn oorspronkelijke interesse. Jan

Was het uw keuze om te gaan werken.
Met wat voor soort werk begon u.
Indien dat later veranderde, wat voor werk deed u toen.
Wat zoekt u in uw baan: financiële beloning of maatschappelijke beloning.
Hebt u uw werk met (onbetaalde) zorg voor anderen gecombineerd.
Indien u onbetaalde of gesubsidieerde arbeid verricht hebt, wat is de reden daarvoor.
Welke functie hebt u nu en wat mag men van u verwachten.
Betreft het hier een keuze.
Werkt(e) u voor uzelf of voor anderen.
Wanneer. Jaartal(len).
Waar. Plaatsnaam.
Beschrijf uw werkomgeving.
Woonde u ergens voor u er werkte, of bent u er gaan wonen vanwege een baan. Van harte hoop ik dat u de keuze had en niet tegen uw zin in hebt moeten verhuizen.
Werkt u graag in teamverband of werkt u liever alleen.
Bijzondere ontmoetingen of ontdekkingen kunnen jus aan het werk geven, hoewel de pret met collega's ook een belangrijke smaakmaker kan zijn.
Bent u weleens teleurgesteld in het werk of in de mensen met wie u werkte.
Hebben anderen hun respect voor uw werk op een bepaalde manier getoond.

Het is erg prettig wanneer je helemaal in je werk kunt opgaan.
Soms maakt geheimhouding deel uit van de baan. Dat kan lastig zijn.
Er kunnen zich veranderingen voordoen door het volgen van een cursus of een complete opleiding.
Voelde u zich op enig moment een deskundige in uw werk.
Zou u bepaalde dingen nu heel anders doen. Zo ja, wat dan.

Hoe denkt u dat u overkomt en -kwam: deskundig, verlegen of juist autoritair.
Had u carrièreverwachtingen.

Bent u tevreden over uw werkzame leven.

WERKZOEKENDE OF MET PENSIOEN: WAT TE DOEN MET AL DIE TIJD?

De nieuw ontstane situatie is voor velen niet eenvoudig.
Misschien is het een idee te doen alsof u aan uw *sabbatical year* begint.

Overpeins het geschrevene en besef waar uw kracht en interesse liggen, tevens waar ze niet liggen. Wanneer men dit van zichzelf weet, komt het constructieve denken. Nu nog het handelen. Jarenlang hebt u gezaaid en kennis opgebouwd. Daarnaast bent u, zoals ieder mens, iemand met bepaalde goede karaktereigenschappen. Het kan toch niet zo zijn dat u daarmee niet heel nuttig én prettig werk kunt verrichten in een maatschappij waarvan u graag deel blijft uitmaken?
Mijn echtgenoot vertolkte het destijds voor mij als 'tijd om te oogsten!'
Optimistische uitspraak, maar wel een die mij aan het denken zette. Het handelen volgde later, maar het kwam als een gerijpt besluit.

Natuurlijk zullen er de dagelijkse plichtplegingen zijn, maar breng vooral structuur in uw leven. Het schrijven van het Persoonlijk Document is daar een voorbeeld van. Zelfreflectie is een vorm van innerlijke schoonmaak. Het kan sterk bijdragen aan de volgende te nemen stap.
Sporten, administratie en zelfs solliciteren kunnen ook op gezette tijden gepland worden.
Vooral voor degenen met een gezin met thuiswonende kinderen

is het niet altijd eenvoudig een balans te vinden tussen gezin, zorgen en situatie.
Het streven om zowel maatschappelijk betrokken te blijven als bij het gezin en toch ook tijd te nemen voor jezelf is belangrijk.

Na mijn universitaire opleiding heb ik een vak ontwikkeld en daar jaren met plezier in gewerkt. Ineens werd ik 'overtollig'. Vele plannen maakte ik, nimmer kwam het echt tot iets. Achteraf gezien was ik toen nog helemaal niet geschikt voor de stap naar een eigen bedrijf. In elk geval kwam er niets uit mijn handen. Door mijn interesse voor de natuur kwam ik in aanmerking voor een onbetaalde bestuursfunctie van een vereniging. Het sprak mij zeer aan. Na verloop van tijd kwam ik niet alleen tot rust, maar voelde ik weer grond onder mijn voeten. Rustig nam ik de tijd om de volgende stap te nemen. Inmiddels heb ik een eigen bedrijf. Financieel ben ik nog niet terug op het oude niveau, maar ik ben vol vertrouwen over de toekomst. Mijn vrijwilligerswerk blijf ik voortzetten! Cees

Lekker met pensioen! Doen waar je zin in hebt en op het moment dat jij dat bepaalt. Nooit meer in de file staan. Nooit meer die ellebogen voelen.
Of:
'Iedereen heeft het over zijn hobby's, maar die heb ik eigenlijk niet. Bovendien ben ik bang dat ik thuis een beetje geleefd ga worden. Verplicht alles 'gezellig' samen doen. De vraag 'Wat ga je vandaag doen?' beangstigt mij nu al!
Het zal wennen zijn. Ook hier geldt dat structuur aanbrengen belangrijk is.

Wanneer ik mijn werkzame leven overpeins dan denk ik dat mijn vak goed bij mij past. Ik heb heerlijk kunnen pieken, maar ging natuurlijk ook door de nodige dalen. Wanneer iemand met pensioen gaat, zegt men vaak dat hij boft. Eerlijk gezegd zie ik nogal tegen mijn pensionering op. De vrijheid waarover men spreekt, voel ik nog niet zo duidelijk; misschien voelt het zelfs een beetje beklemmend. Ik zie wel; vooralsnog heb ik nog twee jaar te gaan voordat ik hier zal ophouden met werken. En daarna? Ik weet het niet. Ben

Aanvankelijk dacht ik snel een andere baan te zullen vinden en solliciteerde kritisch. Té kritisch? Ik was met een redelijk goede regeling vertrokken, dus voelde ik nog geen haast. Na bijna een jaar betrapte ik mijzelf op onzeker gedrag: in gezelschap speelde ik de optimist, thuis was dat wel anders. Al jaren ben ik een fervent sportliefhebber. Onze kinderen sporten ook volop. Sinds enige tijd zet ik mij in voor de sportvereniging van de kinderen. Mijn werkervaring komt er goed van pas en ik ontmoet en spreek vele leeftijdgenoten. Ik merk dat het mij goed doet. Ik durf en kan mij volledig voor de vereniging inzetten. Het respect dat ik voor mijn inzet krijg, geeft mij ook de rust en het zelfvertrouwen om mij te verdiepen in onontgonnen gebieden. Hoewel het misschien nog even kan duren, geloof ik echt dat ik weer een baan zal vinden. Mogelijk in een andere branche, maar zeker passend. Jack

Na een periode van acht maanden, waarin ik mijn drukke baan heb kunnen afbouwen, sta ik nu aan het begin van mijn pensioen. In die periode heb ik veel nagedacht over mijn tweeëndertig jaar werken bij één werkgever op allerlei plaatsen in binnen- en buitenland. Zo verhuisde ik met mijn familie in die tijd dertien maal. De rode draad door al deze jaren van mijn werkzame leven is toch het contact met mensen; klanten zowel als medewerkers. Daar genoot en geniet ik nog steeds het meeste van en ik heb dat altijd vooropgesteld bij het zoeken naar een volgende baan en daarom kijk ik ook met veel voldoening terug op die tijd. Overigens kreeg ik later ook te maken met managementtaken – die er nu eenmaal bij hoor-

den als je 'hogerop' wilde – en dat heeft voor veel spanning gezorgd. Ik ben daar nu eenmaal niet voor in de wieg gelegd en mijn lichaam protesteerde er later ook duidelijk tegen. Die protesten hebben ertoe geleid dat ik eerder dan voorzien afscheid ben gaan nemen van mijn werkzame leven bij die ene werkgever. Een van de positieve ervaringen van de laatste tijd is mijn werk als vrijwilliger bij slachtofferhulp. Ook hier weer de rode draad van contact met mensen; gedreven collega's en cliënten. Dat maakt de overgang makkelijker naast mijn hobby's. Waar ik het meest naar uitkijk, is meer tijd voor mijn familie te hebben, alhoewel de kinderen al bijna allen zijn 'uitgevlogen'. Een nieuwe uitdaging met een volle rugzak aan rijke ervaringen. Frans

Vrijwilligerswerk is inspirerend, belangrijk en bevredigend.
Voor nu: werk rustig verder aan uw Persoonlijk Document.
Als het af is, herleest u het geheel om open te staan voor ontdekkingen!

10.

Relaties

Elk mens heeft wel een relatie met iemand.
Die relatie kan diepgaand, maar ook oppervlakkig zijn.
Zowel het een als het ander kan prettig zijn, maar ook onaangenaam.

Neem de bladzijden van dit hoofdstuk eerst even door.
U komt dan beslist tot een plan van aanpak.

ALLEENSTAAND

Bij het doorlezen van de suggesties en de anekdotes zal het u opvallen dat zowel de jongere single als de oudere alleenstaande te herkennen is.

> *Ik verveel mij geen moment! Naast mijn drukke werkzaamheden vind ik ook tijd om uit te gaan. Ik zie mijn gehuwde vrienden verbaasd en tevreden kijken naar de Schone die ik nú weer bij mij heb. Dat is al jaren zo en, eerlijk gezegd, dat past ook bij mij. Ik wil mij niet binden. Chris*

De een heeft er vrede mee, de ander is er verdrietig over.
Iemand baalt er stevig van, terwijl een ander het juist heerlijk vindt.
Het kan een keuze zijn, maar het kan ook een situatie zijn. Factoren als carrière, verlies, verbittering of verlegenheid kunnen zowel een keuze als een situatie beïnvloed hebben.

Er zijn alleenstaanden die enorm hun best doen een partner te vinden.
Blijft succes uit dan kan de wanhoop toeslaan.

Voldoende zelfkritisch? Of bent u misschien té kritisch jegens een ander?
Men legt contact tijdens een receptie of een diner, op het werk of in een café, discotheek of club maar het kan ook via internet, een relatiebemiddelingsbureau of een advertentie in de krant.
Indien u contact probeert te leggen, waar en hoe doet u dat dan?
Mogelijk vindt u het uiterlijk zoals het gezicht, het figuur of de kleding belangrijk.
Het kunnen voeren van een inhoudelijk goed gesprek en de expressie daarbij vindt u misschien nog veel belangrijker.

Tijdens een diner sprak ik de zoon van een jeugdvriendin. Hij gaf mij het telefoonnummer van zijn moeder. Het leek mij leuk haar weer eens te ontmoeten. Ik was weduwnaar, zij was gescheiden. Nadat ik haar gebeld had en wij vele herinneringen opgehaald hadden, schreven wij ons in voor een groepsreis naar Moskou. In alle opzichten werd het een héél bijzondere reis. Na verloop van tijd zijn wij getrouwd! Voor onze huwelijksdag moesten onze kleinkinderen vrij vragen van school. Vrij vragen omdat je grootvader of je grootmoeder gaat trouwen! Karel

Koken, eten, telefoneren, televisiekijken, lezen, muziek beluisteren, internetten, de administratie doen, wassen, strijken, schoonmaken of een kaartje leggen met de buren.

Het is raadzaam de *anekdotes* in dit hoofdstuk, alsmede de *Tussendoortjes* in dit boek te raadplegen.
De maatschappij denkt te weten hoe u zich voelt, hoe u denkt en wat u zou moeten doen. Goede bedoelingen van anderen doen daar soms nog een schepje bovenop.
Hoe ondergaat u dat?
Een grote, geheime liefde.
Het verlangen. De emoties.

De wens je niet te binden of juist de wens gebonden te zijn.
Kinderen? Zie hiertoe ook hoofdstuk 13.
Neem de tijd om uw gedachten hierover te laten gaan en *vertel!*

Ik houd van regelmaat. Tweemaal per week doe ik boodschappen en eigenlijk kook ik iedere dag echt lekker. Muziekje, koken, glaasje wijn bij de krant en de post en daarna rustig eten. De onrust komt daarna vanzelf wel omdat ik altijd veel te doen heb. In het weekend sport ik met vrienden en bovendien heb ik dan 's avonds altijd wel afspraken. Coen

Tegenwoordig kun je volop diepvriesmaaltijden en kant-en-klare eenpansgerechten kopen. Dat is wel handig maar ook kostbaar en op termijn een beetje saai. Meestal kook ik gewoon. Martin

Oud en versleten in de ogen van velen, maar nog altijd kan ik hunkeren naar mijn grote, geheime liefde. De gedachte aan hem doet mij ook goed. Zo blijf ik aandacht aan mijn uiterlijk besteden en zal voor de nacht mijn grijze, dunne haren toch nog even mooi kammen. Zelfs in mijn nachtjapon uit de jaren veertig voel ik mij nog altijd vrouwelijk! Minnie

In het begin kostte het mij moeite om op tijd naar bed te gaan. Ik voelde me zo 'stik'-alleen en misschien ook een beetje angstig. In die tijd was ik ook zo'n rusteloze en nutteloze bezige bij. Gelukkig is dat totaal veranderd, nu ik tal van bezigheden heb die echt bij mij passen. Ellen

Noor, daar vraag je wat! Ik heb geen probleem met one-night-stands. Seks is natuurlijk en hoort bij het leven van een man en van een vrouw. Zoals je weet, heb ik verschillende vriendinnen. Deze vriendinnen leven precies zo. Dat is duidelijk en overzichtelijk. Overigens is het beslist niet zo dat ik hier de

"NOU, DAN GA IK MAAR WEER GAUW,
WANT JE VERWACHT ONGETWIJFELD
NOG MEER BEZOEK".

hele tijd intens mee bezig ben. Ik ga vooral gewoon gezellig uit en jij kunt nog steeds veilig met mij mee! Hein

Omgangsvormen kan ik zeer waarderen. Maar, wie tutoyeert mij eigenlijk nog? Ik mis het dat bijna niemand mij nog bij de voornaam kent of kan noemen. Bovendien is het zo dat, als je niet oppast, de mensen je betuttelen. Betutteling vind ik vreselijk. Ik ben geen achterlijke! Eens heb ik mij wel afgevraagd of ik achterlijk was. Dat was toen ik af en toe gewoon hardop tegen mezelf begon te praten. Inmiddels doe ik dat nog steeds, maar dwing mijzelf ook geanimeerde gesprekjes te voeren. Gaby

Op tijd opstaan en meteen even de ochtendgymnastiek, douchen, aankleden en ontbijten.
En daarna?

Opruimen leek eens een dagtaak. Nu heb ik zo mijn ritme in de dingen die ik doe. De ochtendkrant brengt helaas zelden goed nieuws. Eigenlijk precies zoals de post: rekeningen, afschriften en een envelop met zwarte rand. Toch lees ik de krant wel, zelfs nu de toekomst kleiner en het verleden groter wordt. Ik tracht mijn dagen inhoud te geven door mij te verdiepen in dingen. De bibliotheek is daarvoor uiterst geschikt. De wandeling erheen is prettig en binnen is het gerieflijk. De vrijwilligers die er werken, nemen de tijd voor je en, als het niet te druk is, volgt er dan altijd wel een gesprek. Teun

Ik ben blij met mijn baan. Eenmaal op kantoor werk ik hard. Tussendoor beantwoord ik snel privé e-mails. Zo maak ik plannen om te stappen, afspraken voor een diner aan huis, ontvang agenda's voor bestuursvergaderingen van de verschillende clubjes waar ik lid van ben of inventariseer wie met wie de feestdagen door wil brengen. Emile

Het is overigens wel handig dat de kans op babykwijl, koekresten, kleurpotloodstrepen op uw Persoonlijk Document klein is, om maar niet te spreken over vragen als *Waarom doe je dit? Kun je niet beter...?*

MIJN PARTNER

Naast de feiten over uzelf, kunt u ook feiten over uw partner, uw overleden partner of uw ex-partner toevoegen. Met name indien u dit Persoonlijk Document voor uw nageslacht schrijft, zelfs als dat bijvoorbeeld voor neven en nichten is, kunnen behalve de feiten, ook andere zaken interessant zijn. Bijvoorbeeld de jeugd, de schooltijd of de hobby's. Verhalen over of beschrijvingen van uw schoonouders, uw zwager en zijn partner, uw schoonzuster en haar partner maar ook hun kinderen en kleinkinderen. Laat u daartoe leiden door de inhoudsopgave.

Leuke familieanekdotes, vervelende familiekwalen of hartverwarmende familiebanden: het is de moeite waard daar nu over te vertellen.

Een buitenechtelijke relatie of een buitenechtelijk kind kan een leven mede bepalen. Indien u een buitenechtelijk kind hebt met wie u geen contact kunt onderhouden, dan is het belangrijk het eerste gedeelte te lezen onder 'mijn ex-partner' van dit hoofdstuk, maar vooral ook hoofdstuk 12.

Op naar de volgende ontboezemingen!
U zult ontdekken dat de suggesties u zullen uitdagen tot het schrijven van anekdotes en de heerlijkste herinneringen of misschien heel vertrouwelijke overpeinzingen.
Eerst lezen en daarna bedenken hoe u dit wilt aanpakken.
Wat wel, wat niet.
Hoeveel niet, hoeveel wel.
Neem de tijd!

Daar komt het weer: een soort uittreksel van de burgerlijke stand! Nu over uw partner. Toch past het in uw Persoonlijk Document.

Roepnaam:
Geboortenamen:
Achternaam:
Man of vrouw:
Geboortedatum, -dag, -plaats en -land:
Buitenland? Land, provincie, dorp of stad:
Thuis geboren, nl. te (volledig adres):
Geboren in het ziekenhuis, nl. te (volledig adres):
Nationaliteit:
Ras:
Voornamen, achternamen, geboortedata en -plaatsen van de ouders van uw partner:

Samenleven kan 'gewoon' getrouwd zijn en samen in hetzelfde huis wonen.
Ongehuwd samenwonen, 'hokken', kan ook.
Sommige mensen hebben zich verloofd alvorens te trouwen.
Het kan zijn dat u een samenlevingscontract hebt gesloten.
Het kan zijn dat u een lat-relatie onderhoudt met uw partner.

In 1991 ontmoette ik een hoogbejaarde Hongaarse dame. Eens was zij uitgehuwelijkt. Kort na het huwelijk nam haar man een betrekking aan in Parijs en vertrok alvast. Om van dit liefdeloze huwelijk af te komen verzon zij telkens smoesjes zodat zij haar man niet na hoefde te reizen. Stalin nam de macht, het ijzeren gordijn kwam en zij besloot in Hongarije te blijven. Haar echtgenoot bleef in Parijs.
De kleine, ranke, hoogbejaarde dame, die eens als jockey op de renbaan van Budapest had gereden, werd noodgedwongen chauffeur. Haar talenkennis maakte haar verdachte in een koeriersaffaire waardoor zij in een vrouwengevangenis be-

landde. Tien jaar na de detentie liep zij door de winkelstraten van Budapest en rook een vertrouwde geur. Zij herkende in de geur het eau-de-toilette van haar vader! Een voor haar onbekende man met hoed liep voor haar en droeg deze geur. Als een snuffelend hondje is zij hem gevolgd. Boekhandel in, boekhandel uit. Op enig moment kon zij het gezicht van de man goed zien. Drie maanden later was zij te gast bij vrienden en werd voorgesteld aan deze man! Niet lang daarna zijn zij getrouwd. Zij was ongeveer zestig en hij tien jaar ouder. Hoewel zij in armoede leefden, vierden zij elke vrijdagavond hun trouwdag. 'Om de verloren jaren in te halen,' zo vertelde zij. Twee kaarsjes werden dan aangestoken en op het einde van de avond uitgeblazen. Kaarsjes die alleen op vrijdagavonden zouden branden. Haar grote liefde overleed. In haar piepkleine appartementje hing een door haar samengesteld relikwie: een relikwiehouder met daaraan zijn hoedje, zijn shawl, het flesje met de eau-de-toilette en nog wat kleine, dierbare snuisterijen. Ilona

Verwacht u gezellig te blijven hokken zonder enige officiële bevestiging van uw keuze voor elkaar. Zo ja, waarom. Is dat een duidelijk gezamenlijk besluit.
Datum, land, plaats, gemeente van de huwelijksvoltrekking of de sluiting van het samenlevingscontract. Indien er getuigen waren: wie waren dat en hebt u nog contact. Velen trouwen in de kerk. Welke kerk, waar en met welke voorganger. Was het de wens van u beiden om zo in het huwelijk te treden.

Maanden hadden we aan de voorbereidingen voor onze grote dag gewerkt. Onze families leefden enorm mee en hebben zich tot het uiterste uitgesloofd voor ons. We hadden flink gespaard en onze ouders hebben ook flink bijgedragen. Het werd een prachtige dag met een stralende zon. Alles is gegaan zoals wij hoopten dat het zou gaan. Geert

Onze trouwdag stelde eigenlijk niets voor. Hoewel wij al besloten hadden eens te trouwen, was de zwangerschap de reden dat versneld te doen. Zo ging dat toen. Wij hadden geen cent en sparen was er toen niet bij. Mijn man trouwde in zijn zondagse pak en ik droeg de jurk van een vriendin. Er is een foto gemaakt. Na afloop was er geen receptie. De familie en nog een paar mensen feliciteerden ons bij de kerk en toen zijn wij naar huis gegaan. Het duurde nog drie jaar voordat wij zelf een huis konden betrekken. Vijfentwintig jaar later hebben wij die huwelijksdag opnieuw gevierd, maar nu waren wij in het nieuw gestoken, was er een receptie en hebben we met de familie gegeten. Mijn zussen hebben zelfs voor een ouderwetse uitzet gezorgd door ons prachtige, met kant afgezette, lakens en slopen te geven. Het is een onvergetelijke dag geworden! Connie

Ik droomde altijd van een romantische huwelijksreis. Onbekende bestemming, een verre reis naar zon, strand, zee, cultuur, muziek en dans en een en al luxe. Helaas verliep dat toch anders. Ik moest de reis zelf boeken: Kreta. Nu heeft Kreta veel van mijn wensenlijstje, maar een bed and breakfastonderkomen met dansende vlooien stond daar niet op! Josine

Onze huwelijksreis was naar Parijs! Heerlijk, want ik ben dol op Parijs. Antwerpen lag op de route en we dachten daar een nachtje knus te overnachten. We hadden niets gereserveerd. Na een ongezellige zoektocht namen we dan maar een hotelletje: het bleek een hotel te zijn waar de dames zich aanbieden. Spannend voor mannen, echter niet voor mij! Later hebben wij er wel om kunnen lachen. In elk geval is Antwerpen leuk. Maud

Velen kiezen voor een lat-relatie. U ook?
Sinds wanneer. Waar woont uw partner (adres).

Hebt u een schriftelijke bevestiging of een uitnodiging tot het vieren van het besluit rondgestuurd aan familie en vrienden. Hoe zag die eruit. Was het in de ogen van u beiden een moderne, degelijke of ouderwetse wijze van aankondigen of meedelen. Hoe reageerde uw omgeving op dit bericht. Veranderde er iets nadat u samen dit besluit genomen had.

Datum, land, plaats, gemeente van eerdere huwelijksvoltrekking(en) van uw partner, alsmede met wie uw partner toen huwde en waardoor het huwelijk ontbonden werd.
Indien er kinderen uit een eerder huwelijk zijn, is het vooral voor het nageslacht goed als u de namen en de geboortedata van deze kinderen vermeldt.

Nee, helaas, u bent nog niet door de feitjes heen.
Wat dacht u van het beroep en de vooropleiding van uw partner, de werkkring, bijzondere (eventueel erfelijke) afwijkingen of bijzondere (eventueel erfelijke) gaven.
Misschien vindt u het een idee om nog eens stil te staan bij de dingen die u over uzelf hebt geschreven, zodat u deze kunt projecteren op uw partner: in elk geval zal het een paginavullend effect hebben! Indien u uw Persoonlijk Document voor familieleden schrijft, zal men u later heel dankbaar zijn voor uw volledigheid en uw nauwkeurigheid.

Hoe is uw relatie met uw schoonfamilie.
Is het een hechte familie.
Voelt u zich thuis bij hen of meent u dat het beter is wanneer u elkaar niet te veel ziet.

> *Mijn schoonmoeder houdt van de bergen, ik ook. Mijn vrouw echter helemaal niet. Eens heb ik samen met mijn schoonmoeder een wandeltocht door de bergen gemaakt waarbij wij in berghutten sliepen. Het was een onvergetelijke reis! M.S.*

Als mijn schoonmoeder onderweg was naar ons, kreeg ik al hoofdpijn. Na haar vertrek was dat meteen over. V.M.

MIJN PARTNER ALS PERSOON

Ik geniet van mijn leven met deze man! Onze honden en katten zijn onze kinderen. Toen ik nog voor een luchtvaartmaatschappij vloog, ging hij vaak mee naar de mooiste bestemmingen. Vliegen bleek voor hem een heel bijzondere belevenis. Hij besloot zijn vliegbrevet te halen. Nu maken wij samen menig leuke vlucht. Zo ging het ook met zeilen. Op een dag kwam hij thuis en vroeg mij of ik zeilen leuk vond. De volgende dag hadden wij een zeilboot en drie jaar later een zeiljacht. De honden gaan mee en zo brengen wij vele vakanties door op de boot.
Wat ik nou zo onweerstaanbaar vind – en geloof me, huwelijksperikelen hebben wij ook gekend – is dat hij mij altijd zal blijven verrassen! Madelein

Het uittreksel van de burgerlijke stand zit erop.
Tijd om het over andere aspecten van uw partner te hebben.
Waarom uitgerekend deze partner.
Wat vond u zo onweerstaanbaar aantrekkelijk.
Herkent u dat nog steeds.
Waar en wanneer hebt u elkaar leren kennen.
Was het onverwacht dat u voor elkaar viel.
Gebeurde dat na een lange aanloop of was het juist liefde op het eerste gezicht.
Vindt u dat u blind was van liefde.
Misschien voelde u snel een echte zielsverwantschap met deze mens.
Had u hooggespannen verwachtingen. Welke.
Zijn deze verwachtingen uitgekomen.
Was uw omgeving blij met uw keuze.
Wat is voor u het ontroerendste verschil tussen u beiden.

Er kan ook een heel leuk verschil zijn.
Wat is het allergrootste verschil.
Is er iets wat u onbegrijpelijk vindt aan uw partner.
Kan het u schelen wat anderen van uw partner vinden.
Bespreekt u alles met uw partner of zijn er dingen die u liever verzwijgt. Wat verzwijgt u.
Voelt u enige schaamte tegenover uw partner. Waarover en waarom.
Heeft uw partner bepaalde dingen waar u zich flink aan kunt ergeren.
Hoe is het om samen dingen te ondernemen.
Deelt u dezelfde interesses.
Wat interesseert uw partner vooral.
Kunt u samen heerlijk lachen. Waarover.
En huilen, kunt u dat ook samen. Waarover.
Verrast uw partner u weleens. Hoe. Wat vindt u daarvan.
Wat vindt u het zwakste punt van uw partner.
Wat, denkt u, vindt uw partner uw zwakste punt.
Waar ergert uw partner zich het meest aan bij u.

Boven een van de deuren in ons huis zijn scheuren te zien. Meestal is de oorzaak van dergelijke scheuren het dichtgooien van de deur en meestal doet een kind zoiets. In ons geval is de oorzaak inderdaad het dichtgooien van de deur, echter niet door een kind maar door de moeder! Hoewel ik het heerlijk vind om af en toe een deur dicht te gooien, vind ik het resultaat van deze lust iets minder. Mijn man blijft zich verbazen over deze in zijn ogen onbeheerstheid. (auteur)

Hebt u ook ruzie met elkaar. Slaan met deuren of zwijgend balen.
Hoe maakt u het meestal weer goed: uit eten, wandelen, vrijen, veel praten.
Waar doet uw partner u het grootste plezier mee. Is de partner zich daarvan bewust.

Is uw seksuele relatie met uw partner goed, goed genoeg, matig of ronduit slecht.
Kunt u zeggen: 'ik houd zielsveel van je.'
Als u het allemaal over zou mogen doen, was er dan iets wat u beslist anders zou doen of wensen. Beschrijf die gevoelens of wensen eens.

Wie is uw partner vooral voor u?

MIJN PARTNER IS PATIËNT

Als het goed is, krijgt iemand die patiënt is goede zorg en veel aandacht.
De partner van een patiënt behoeft ook goede zorg en veel aandacht, maar krijgt die niet zo vanzelfsprekend.
Tijd om uw hart te luchten!

De navolgende suggesties gaan ervan uit dat het gedeelte over *Mijn partner* door u betrokken is in uw Persoonlijk Document.

Begin bij het begin:
Aan welke ziekte lijdt uw partner en sinds wanneer.
Indien u van meet af aan wist dat u uw leven zou gaan delen met een zieke, hebt u ooit een aarzeling gevoeld bij het aangaan van de relatie.
Toen u vernam dat uw partner ziek was, wat ging er toen als eerste door u heen.
Voelt u angst.
Is er boosheid.
Ontloopt u de feiten of bent u juist pragmatisch.

In het begin had ik ruzie met de angst. Ik kon er niet mee overweg. Afwisselend was ik ook wel boos of verdrietig, maar angst overheerste. Na verloop van tijd merkte ik dat dit afnam waardoor ik mij sterker ging voelen. Toen betutteling de op-

volger van dat gevoel dreigde te worden heeft mijn partner ingegrepen. Dat was heel bijzonder. Voor het eerst spraken wij uitvoerig met elkaar over onze individuele beleving over wat er precies gaande was! Herma

Voelt u zich onzeker.
Kunt u uw gevoelens bespreken met uw partner.
Zijn er spanningen ontstaan in uw relatie door de verandering die de ziekte brengt, of is de relatie juist hechter geworden.
Heeft de ziekte financiële gevolgen.
Door wie of wat wordt u gesteund: uw partner, familie, vrienden, kinderen, kleinkinderen, artsen en verplegers, lotgenoten of ondervindt u steun in uw geloof.
Hebt u samen een plan gemaakt.
Welke momenten vindt u het moeilijkst.

Soms zou ik willen vluchten. Gewoon mijn koffers pakken en weg. Een tel later wil ik nog steeds weg, maar dan maar voor eventjes. Niet opgeven. Ik ga door. Wij gaan door. Deze gedachten heb ik dan. Een goede vriend van mij begrijpt dat en helpt mij door er altijd voor mij te zijn als ik hem eventjes bel. Dat steunt mij. Piet

Van welke momenten kunt u juist genieten.
Uw leven veranderde drastisch. Negatieve gevolgen hebt u ongetwijfeld ervaren.
Is er ook iets positiefs uit voortgekomen?

Voordat het gebeurde, hadden wij het echt heel fijn samen. Vanaf het moment dat duidelijk was hoe ernstig de situatie was, heb ik mij voorgenomen naar haar te blijven kijken als de persoon die zij altijd voor mij was tot die tijd. Haar wilskracht is zo groot, dat ik eigenlijk intenser van haar ben gaan houden. Samen maken wij er echt wat van! Niets is meer vanzelf-

sprekend, dat hebben wij wel geleerd. Mijn collega's zijn daarbij onverminderd vol begrip en ik moet zeggen dat mij dat ook erg steunt. Patrick

Wat zou u binnen de mogelijkheden van de huidige situatie het liefst eens willen doen? Zowel samen als alleen.

MIJN OVERLEDEN PARTNER

Machteloos moest ik toezien hoe hij zieker en zieker werd terwijl hij niet naar een arts wilde. Beiden voelden we aan dat het ernstig mis moest zijn. Uiteindelijk werd er slokdarmkanker geconstateerd. De situatie was dermate slecht dat wij besloten te kiezen voor de kwaliteit van het leven dat hem restte. Na wat praktische boodschappen bij een gezondheidszorginstelling, kon ik mijn man zelf verplegen. Samen hadden wij het goed en leerden wij zelfs van elkaar. Vooral het wederzijds respect en een diep vertrouwen dat wij in die tijd voelden, zijn de schatten die ik nog altijd koester. Het voelde wel raar aan dat veel mensen bang waren om ons te bezoeken. Zij waren bang voor de dood terwijl wij daar heel openhartig mee om konden gaan. Met hen die wel kwamen huilden we, maar we dronken ook een glas wijn met hen. Justine

Het verlies van de partner, het maatje, de geliefde is aangrijpend. U bent uw leven aan het beschrijven in dit Persoonlijk Document. Uw overleden partner zal ongetwijfeld een belangrijk deel van uw leven hebben uitgemaakt; het misschien zelfs bepaald hebben of nog altijd bepalen.
Wie hij of zij vooral was, beschrijft u mede door de suggesties onder *Mijn partner* eerst te volgen.
Pas daarna neemt u het volgende door en schrijft u de rest van uw verhaal over uw partner.
Neem de tijd! Desnoods gesteund door zakdoek, een glas van het

een of ander, een traan, maar ook een lach. Hoe dan ook... durf, denk en *vertel!*

Wanneer en waar is uw partner overleden.
Ten gevolge waarvan is uw partner overleden.
Wist u dat uw partner weldra zou komen te overlijden.
Hebt u afscheid van elkaar kunnen nemen.
Herinnert u zich het laatste gesprek dat u met elkaar had.

> *Gelukkig was mijn man tot op het laatste moment toe volledig aanwezig, hoewel zijn lichaam niet meer meewerkte. Het moment van overgaan naar de volgende fase, de thuishaven, hebben wij heel bewust samen beleefd. In mijn gevoel ben ik tot een soort poort met hem meegegaan. Voorbij die poort heeft mijn vader hem opgewacht. Janny*

Hebt u een belofte moeten doen. Kon en wilde u deze belofte nakomen.
Is er iets wat u zo graag anders had gezegd of gedaan.
Ervaart u emoties als boosheid, zelfverwijt, (on)terechte woede over anderen, huilbuien, nachtmerries.
Wat is de fijnste herinnering aan uw partner.

> *Op de avond van het overlijden zijn onze moeders en ik naast mijn man gaan zitten. Samen met de vrienden die zich bij ons voegden, dronken we zelfs een glaasje wijn. Dat wilden we ook zo. Eerder hadden we hem in zijn geliefde kleding gekleed. Het was raar om te zien hoe snel zijn rimpels wegtrokken en hoe snel hij dus niet meer mijn vertrouwde J. was.*
> *De volgende dag kreeg ik een geboortekaartje van een kennis. Toen voelde ik mij boos en machteloos omdat ik zo graag wilde dat het leven heel eventjes stil kon staan. Corine*

Is uw partner thuis opgebaard geweest.
Hoe hebt u dat ervaren.
Waar is uw partner begraven. Waarom daar.
Indien uw partner gecremeerd werd, waar.
Waar is de urn. Werd de as uitgestrooid. Waarom daar.
Is de begrafenis of crematie zo gegaan als u en/of uw partner het zich voorgesteld hadden.

Tijdens een zeilweekend drie maanden later hebben wij zijn as verstrooid over het IJsselmeer. Het was een stormachtige dag. Omringd door de boten van onze vrienden en de bijzondere rozen die ik iedereen gegeven had, hebben wij hem zo laten gaan. Ik voelde mij ineens zo verantwoordelijk. Heel gek misschien, maar ik was dan ook nog nooit eerder zonder hem op onze boot geweest. De volgende anderhalve dag voeren wij als groep samen verder. Op de terugweg kwamen wij op enig moment onze rozen tegen. Verbazing en ontroering vervulden mij. Justine

Na uw partner en zijn of haar overlijden beschreven te hebben, bent u er misschien aan toe om nog veel meer over deze, voor u zo belangrijke, mens te schrijven.
Daartoe bekijkt u de inhoudsopgave en pikt er de onderwerpen uit waarover u zou willen schrijven, waar het uw partner betreft.

ALLEENSTAAND, NA HET OVERLIJDEN VAN DE PARTNER

Vindt u dat u de draad van het leven weer op heeft kunnen pakken?
Zo ja, hoelang heeft dat voor u geduurd.
Wat vond u het moeilijkst na het overlijden. Hoe is dat nu.

Na acht moeilijke en soms pijnlijke jaren heb ik mijn huis volledig verbouwd, ben ik op rugklachten afgekeurd voor mijn werk en begin ik schoorvoetend steeds meer mezelf te zijn. Ik geniet van mijn leven en maak daarbij gebruik van al wat ik deze acht jaren leerde, vooral over mijzelf. John.

Hebt u professionele steun gezocht en gekregen.
Was uw familie, schoonfamilie, vriendenkring of een lotgenoot u tot steun.
Hoe belangrijk is en was deze steun.
Zijn er bepaalde gewoontes die u samen deelde toen uw partner nog leefde en die u eigenlijk voortzet.
Praat u tegen uw overleden partner of hebt u het gevoel met elkaar te kunnen spreken.

Ja, ik praat dikwijls met mijn vader, mijn moeder en mijn echtgenoot. Het is geen letterlijke taal zoals wij die kennen. Het heeft eerder te maken met gevoelsgolven die door zielscontact ontstaan. Joosje

Indien u zich een leven na de dood voorstelt, hoe ziet dat er dan uit.
Is dat uw eigen fantasie of hebt u boeken over dit onderwerp gelezen en gesprekken hierover gevoerd met mensen.
Hebt u, voor u belangrijke, veranderingen doorgevoerd om het leven weer te kunnen leven.
Welke veranderingen. Of... welke besluiten nam u.

Bij mij kwam die verandering niet door het nemen van een besluit. Het was een groeiproces waar ik doorheen moest maar ook wilde. Ik wilde het ook alleen doormaken hoewel mijn moeder mij heel trouw tot steun bleef. Dat gaf ook een warme band met haar. Ik nam de tijd, ik dacht veel na. Zo groeide ik naar hoe ik nu in het leven sta. Ik geniet van de dag en het moment. Het leven alleen bevalt me. Ellen

MIJN EX-PARTNER

Scheiden doet lijden, zo wordt gezegd.
Het is niet moeilijk om dat aan te nemen.

Een echtscheiding heeft allerlei gevolgen.
Het meest schrijnende is misschien wel het verlies van het contact met de kinderen. Indien u uw Persoonlijk Document schrijft voor uw kind of de kinderen met wie u nauwelijks of geen contact kunt hebben, dan is het raadzaam géén klaagzang te houden over uw ex-partner. Het eenvoudigste is het helemaal niet over de ex-partner te hebben op simpele personalia na.
Wanneer u uw Persoonlijk Document schrijft met de bedoeling dat uw kind, op enig moment, kennis met u kan maken door te lezen over u, dan maakt u kans op een doorstart met dit kind. U dient dan wel eerlijk en oprecht over uzelf te schrijven door ook uw tekortkomingen te noemen. Toch zal het een constructief geheel zijn voor uw kind. Uw kind zal zich mogelijk herkennen. Door herkenning ontstaat het gevoel van erkenning. U kunt bij uw Persoonlijk Document toepasselijke brieven, gedichtjes, tekeningen en foto's voegen zolang het constructief is.
Iedere drie maanden laat u het geschrevene op het postkantoor voorzien van een datumstempel. Dat klinkt kinderachtig, maar het heeft een duidelijke reden. Wanneer uw kind misschien tien jaar later het document van u krijgt, zal het zien dat u destijds wel degelijk met het kind bezig was terwijl het kind misschien dacht dat u zich níet voor hem of haar interesseerde!

Maar... blik toch eens terug in de tijd.

Er is een moment geweest dat u viel voor die ander.
Waar viel u destijds voor. Was u echt verliefd.
Toen u trouwde of samen ging wonen, voelde u zich toen zeker over die stap.

Hoewel ik dolgelukkig trouwde, was het net alsof een klein fluisterend stemmetje mij op het matje riep. Het stemmetje vroeg of ik mij bewust was van het feit dat ik een eeuwig kind trouwde. Ja, ik was mij daarvan bewust, maar vond dat ook de enige drempel. Ik heb de drempel genomen. Wij waren gelukkig, reisden en kregen kinderen. Aanvankelijk dacht ik het stemmetje te bewijzen dat ik destijds een goed besluit genomen had. Het ging echter anders. Mijn man, mijn maatje, moest een andere koers varen. Het deed mij aanvankelijk erg veel verdriet, maar door het te begrijpen kon ik toch snel de stap voorwaarts zetten. Wij zijn uitstekende maatjes gebleven. Op zijn manier toont hij zich een goede vader. Het is net alsof de kinderen hem meestal begrijpen ondanks de momenten van verdriet over het feit dat hij niet meer bij ons in huis woont. Inmiddels ga ik graag uit en verdiep mij in bezigheden die bij mij passen. Het gaat goed met mij! Annelies

Wat waren uw verwachtingen. Zijn er verwachtingen die uitgekomen zijn.
Wat waren de dingen die u absoluut samen kon delen.
Wat zijn de leukste herinneringen aan uw tijd samen.

Het is waarschijnlijk verhelderend de suggesties onder *Mijn partner* en *Alleenstaand na het overlijden van de partner* door te nemen en gedeeltelijk over te nemen. Zelfs als u dit Persoonlijk Document voor het nageslacht schrijft.

Mijn partner heeft een eigen bedrijf en dat betekent hard werken. Wij spraken veel over het bedrijf, maar konden ook volop tijd maken voor het gezin. Ik had werkelijk de indruk dat wij het samen goed maakten hoewel er één ding was dat eerst niet zo heel belangrijk leek, maar later van groot belang bleek. Mijn jarenlange matige behoefte aan seks. Zonder het te beseffen en dus zonder daar op tijd echt iets aan te doen, dreef

"HOE KUN JE, VERA...NA ALLES WAT IK VOOR JE GELATEN HEB!"

dit mijn man in de armen van een andere vrouw. Het kan dan wel zo zijn dat de leeftijdsfase een rol speelt, maar ondertussen is de scheiding een voldongen feit. Heleen

Wat ging er vooraf aan de scheiding.
Vanaf wanneer bent u gehuwd of samenwonend geweest.
Wanneer ging u uit elkaar.
Was het een gezamenlijk besluit.
Was het *uw* wens om te scheiden of de wens van uw ex.
In geval het op verzoek van uw ex was, kwam dat verzoek als 'een donderslag bij heldere hemel', redelijk onverwacht, of na een lange periode van onrust of onvrede.
Nam de ex het initiatief tot iets waarvan allang duidelijk was dat het eigenlijk wel gebeuren moest.
In geval het uw verzoek was, wat was en is uw motivatie.
Is de een ten opzichte van de ander in de loop van de tijd veranderd of veranderde u allebei. Begrijpt u die veranderingen.
Kwamen er onontdekte dingen naar boven die langzamerhand overheersend negatief werkten.
Was er veel strijd. Wat vond u daarin het moeilijkst. Hoe is dat nu.
Ziet u elkaar nog af en toe of juist regelmatig. Hoe ervaart u dat.

Hebt u, misschien na verloop van tijd, ook positieve gevoelens over het feit dat u uit elkaar bent.
Bijvoorbeeld kan het zijn dat u zich nu vrijer, zelfstandiger en (uiteindelijk) zelfs vrolijker voelt.
Heeft een advocaat soelaas geboden bij de verschillende zaken die goed geregeld dienen te worden bij een scheiding, zoals afspraken rond boedelscheiding, huisvesting en kinderen.
Was er iemand die u op een persoonlijke manier ondersteunde in deze periode.

Na bijna vijfentwintig jaar getrouwd te zijn geweest, vertelde mijn man te willen scheiden. Hij bleek al lange tijd een vrien-

din te hebben. Aanvankelijk stortte mijn wereld in. De scheiding was snel en goed geregeld, zodat ik een ander huis kon kopen. Ik ben zó blij met dit huis. Schuren, schilderen en inrichten. Heel eerlijk gezegd geniet ik daarvan, temeer daar ik in dit nieuwe huis een groot atelier heb. Ik schilder weer volop en voel mij steeds sterker, doordat ik zoveel zelfstandiger in het leven sta. Regelmatig zegt iemand dat ik er zoveel beter en sterker uitzie, dat ik weer lijk op dat meisje zoals zij haar van heel vroeger nog kennen. Dit doet mij erg goed! Tessa

Richt u uw leven bewust anders in?

Tussendoortje V: reizen

Een kosmopoliet ben ik beslist niet. Afgezien van het feit dat ik nog maar weinig van de wereld heb gezien, denk ik niet dat ik een kosmopoliet zou kunnen zijn. Aan de uitstapjes, tochten en reizen die ik wel maakte, bewaar ik veelal prachtige herinneringen. Als ik mijn gedachten laat gaan, komen naast mooie steden, dorpen en landschappen ook kleuren, geuren en muziek in mijn herinnering naar voren. (auteur)

Hoe is dat voor u?
Slenteren over markten of langs winkels met bijzondere etalages.
Mooie steden die u in uw geheugen doen graven naar de geschiedenislessen van vroeger.
Dat andere land, waar normen en waarden zo afwijken van de onze.
Het dialect of een onverstaanbare buitenlandse taal.
Dat ene land, waar het zo anders ruikt. Die geuren kunnen komen van bepaalde bloemen en planten, maar ook door kruiden.
Landschappen die zo sterk kunnen verschillen, onder invloed van rivieren, sloten, beekjes, de zee, bergen, een oerwoud, steppen, polders, reservaten of een woestijn.
Tochten langs steden of dorpen.
Misschien ondernam u een reis om vogels of andere dieren te bekijken.
Een voetreis of reis om de aarde in tien dagen per jet, kamperen of een luxehotel: het heeft allemaal wel wat, maar echt aantrekkelijk is het pas als het bij je past. Wat past bij u?

II.

Kinderloos

De gevoelens bij een leven zonder kinderen zijn zeer uiteenlopend.
Bovendien gaat men in de verschillende stadia van het leven vaak anders om met dit zeer persoonlijke gegeven.

ONGEWENST KINDERLOOS

Het gemis en de pijn die dat geeft, zijn eigenlijk altijd daar. Eerst kregen onze vrienden kinderen en wij niet. De wetenschap was destijds bovendien nog lang niet zover als nu. Inmiddels zijn vele vrienden van ons grootouder geworden. Toch zijn wij altijd omringd geweest door kinderen. De innige band tussen ons beiden gaf ons de kracht open te staan voor de kinderen van onze vrienden en onze neefjes en nichtjes. Door omstandigheden hebben wij enkele keren de tijdelijke zorg van een kind uit onze omgeving op ons mogen nemen. Het bleek een zeer dankbare taak die wij met liefde vervulden. Waarschijnlijk komt het door onze welgemeende betrokkenheid bij vele kinderen of de ouders van kinderen die zorgen hadden, dat wij zo vaak gevraagd worden bij huwelijksfeesten van jongelui of de doop van hun kinderen. Het is ons uitstekend gelukt samen te genieten van ons leven. Onze agenda bevat een druk sociaal leven. Bovendien maken wij telkens weer plannen, voeren ze uit en kijken dankbaar terug op alles wat ons wél ten deel is gevallen. Nura

Ongewenst kinderloos zijn geeft het individuele leven en het leven met de partner ongevraagd een andere invulling. Die invulling kan aanvankelijk beheerst worden door de vele stappen die genomen worden op weg naar de vervulling van de kinderwens. Hoe is dat bij u gegaan?

Het is mogelijk dat u wel zwanger geweest bent, maar dat u een of meer miskramen hebt gehad.
Vertel daarover.
Beschrijf het proces van onderzoeken, instanties, medicijnen en de reacties daarop.
Uw gevoelens daarover toen en nu, maar ook uw verhouding met uw partner toen en nu.
Hebt u adoptie ooit serieus overwogen of in gang gezet.
Werd u ineens vaker gevraagd op te treden als peetouder of om de voogdij over de kinderen van uw naasten op u te nemen. Hoe vindt u dat.
Verschillen de gevoelens over het gemis van kinderen per levensfase.
Hebt u enige hulp gekregen of ingeroepen van anderen om (beter) om te kunnen gaan met dit voldongen feit.
Nam u een bepaald besluit waardoor u uw leven een andere maar ook mooie wending hebt weten te geven. En uw partner, heeft die dat ook kunnen doen?

KINDERVRIJ

> *In mijn jeugd heb ik veel gezinsverdriet ervaren. Ik heb er hard aan gewerkt daaruit te komen zonder het gezin de rug toe te hoeven keren. Het kostte mij aanvankelijk angstige jaren om tot een besluit te durven komen. Uiteindelijk koos ik voor een kindervrij leven. Mijn partner respecteert mijn keuze geheel.*
> *Joanna*

Er zijn vele redenen om te kiezen voor een kindervrij leven.
De reden kan een heel emotionele maar ook rationele zijn.
Hoe bent u tot deze keuze gekomen.

Beschrijf ook of het lang geleden is dat u deze keuze maakte en of u daar al dan niet spijt van hebt.
Indien u spijt en verdriet voelt, hoe gaat u daarmee om. Ondervindt u enige steun.
Hoe is uw keuze door uw directe omgeving ontvangen.
Moet u telkens in discussie en stelt men bemoeizuchtige vragen.
Irriteert u dat.
Kunt u makkelijk duidelijk maken dat de motivatie niet iedereen aangaat.
Wat zijn voor u de belangrijkste positieve kanten aan het kindervrij zijn.

Tussendoortje VI: kunst

Mijn nichtje en ik waren eens, tijdens een zomer, au pair in Zürich. Ik vierde er mijn achttiende verjaardag. Op die dag maakte ik kennis met de beeldhouwwerken van Henry Moore. Vele jaren later bezocht ik een kerk in Praag. Rechts voorin was een levensgroot beeldhouwwerk dat Jezus Christus voorstelde. Jezus zat te peinzen precies zoals 'Le Penseur', gemaakt door Rodin. Later werd mij uitgelegd dat het een houding was waarin gemediteerd werd door Jezus. Kunstenaars uit Frankrijk en Tsjechië reisden op enig moment veel over en weer, waardoor ik denk dat Rodin geïnspireerd werd door dit beeld. Maar ja, wat weet ik er nou eigenlijk van? Kunstschilders van de twintigste eeuw hebben vooral mijn interesse: Berthe Morrisot, Caillebotte, Rik Wouters e.a. Vele blaren liep ik op bij mijn wandeltochten langs monumenten en bijzondere moderne gebouwen, waaronder het Institut du Monde Arabe in Parijs. Ik zal er pagina's over vol schrijven in mijn eigen Persoonlijk Document. (auteur)

Hebt u ook een sterke affiniteit met bepaalde:
kunstschilders en hun schilderijen
tekenaars en hun tekeningen
beeldhouwers en hun beeldhouwwerken
architecten en hun gebouwen en bruggen
monumenten of liever modern
landschap- en tuinarchitecten en hun ontwerpen
ontwerpers van gebruiksvoorwerpen
fotografen en hun foto's
musea met bepaalde collecties
of tentoonstellingen

12.

Nageslacht

OUDERSCHAP

Het ouderschap kan voortkomen uit de seksuele relatie tussen een vrouw en een man.
Het ouderschap kan ook ontstaan als gevolg van adoptie of voogdijschap.
Voorts is het mogelijk dat u een Bewust Ongehuwde Moeder bent.
Bovendien is het mogelijk dat het moederschap, het vaderschap of het ouderschap ontstaan zijn door betrokkenheid van een derde persoon. Bijvoorbeeld een kind van de ene partner uit een eerdere relatie, maar ook valt te denken aan een kind binnen een homoseksuele relatie.
Een buitenechtelijke relatie kan u ook het ouderschap gegeven hebben.

Voor deze verschillende situaties zijn verschillende overpeinzingen denkbaar voor weergave in uw Persoonlijk Document. Het maakt daarbij niet uit of u dit voor uzelf doet of uiteindelijk voor anderen.
Steeds geldt weer hetzelfde; benut nu deze kans om te *vertellen!*

MIJN KIND OF MIJN KINDEREN

... dus ook buitenechtelijke kinderen! Zie daartoe het eerste gedeelte van *Mijn ex-partner* in het hoofdstuk *Relaties.*

De een zal ervoor kiezen een soort babyboekverslag te maken, de ander kiest voor een aantal feiten en de belangrijkste herinneringen.
Kies wat bij u past en bedenk daarbij wat uw uitgangspunt is om uw Persoonlijk Document te schrijven.

Eerst even de burgerlijke-standgegevens over uw kind of kinderen.
Naam, geboortenamen, geboortedatum en -plaats.
Is het kind gehuwd of gehuwd geweest en zo ja, met wie.

Beschrijf per kind het karakter en de meest specifieke kenmerken.
Beschrijf ook het uiterlijk zoals de kleur van de ogen, haarkleur, huidskleur en het postuur van uw kind.
Kunt u iets vertellen over de plaats van het kind in het gezin, bijvoorbeeld of het een typisch oudste kind is of juist de 'sandwich'.
Zijn of waren de kinderen echte kameraadjes. Konden zij goed samen spelen of maakten zij regelmatig ruzie.
Beschrijf de gezelligheid met de kinderen!
Waarin lijkt uw kind op u, of waarin herkent u uzelf in uw kind.
Wat ervaart u als bijzonder aan uw kind.
Waar heeft uw kind u het meeste mee verrast.
Benijdt u uw kind weleens. In welk opzicht.
Hoe ontroert uw kind u en u haar of hem.
Kunt u zich geestige opmerkingen van uw kind herinneren.
Welke bijzondere ervaringen had u of hebt u met dit kind.
Wat vindt u vooral zo heerlijk aan dit kind en wat irriteert u.
Wat vond en vindt u het leukste om met uw kind te ondernemen en wat vindt u vervelend om te doen. Fijn naar een pretpark of liever niet.
Deelt u creativiteit, belangstelling voor sport of sportieve uitjes.
Bezit uw kind bepaalde gaven van u of uw partner zoals een talenknobbel, het talent om te tekenen of misschien is uw kind een absoluut bèta-kind. Zijn de schoolprestaties herkenbaar of de belangstelling voor muziek.
Is het kind sociaal bewogen of meer op zichzelf gericht.
Indien u een jong kind hebt: wat ziet u dit kind later doen.
Indien u een volwassen kind hebt, vindt u dan dat de weg die het koos bij het kind past.

Hebt u samen een reis gemaakt. Hoe is dat bevallen.
Hoe zou u uw band met uw kind willen omschrijven.

Een kind dat gehandicapt is, in welke vorm dan ook, kan uw leven sterk bepalen.
Misschien maakt u zich zorgen over het voortleven van dit kind wanneer u er niet meer bent. Beschrijf hoe u hiermee omgaat en wat u hebt gedaan om deze zorg zoveel mogelijk te beperken. Ontvangt u hierbij enige ondersteuning. Zie ook het hoofdstuk 'Het verlies van een kind of kinderen'.
Maar... een gehandicapt kind kan tevens een bijzondere vreugde brengen.
Hoewel uw leven wellicht sterk bepaald werd en wordt door de aard van de handicap, kan deze 'opgelegde levensvervulling' u en anderen in uw directe omgeving veel geven of gegeven hebben. Beschrijf anekdotes die juist een verrijkende werking hebben of hebben gehad.

Indien er kinderen zijn uit verschillende huwelijken, vindt u dan dat u als opvoeder veranderde onder invloed van het tijdsbeeld. Of door het leeftijdsverschil tussen uw partners, de woonomgeving, of door verschillen in ras, geloof of achtergronden tussen uw partners.

U zou over een buitenechtelijk kind of buitenechtelijke kinderen kunnen vertellen: wie, wanneer geboren, omstandigheden, wel of juist geen contact, erkenning, uw gevoelens hierover. Zie ook het eerste gedeelte van *Mijn ex-partner* in het hoofdstuk *Relaties.* Het benadrukt het belang van het schrijven. Weet dat u via de notaris kunt bepalen wanneer het kind het geschrevene mag ontvangen. Regelmatig besteden de media aandacht aan het buitenechtelijke kind dat op zoek is naar de vader of de moeder. Telkens weer blijkt dat de groep zoekenden groot is en dat zij de leegte zo gaarne gevuld zien. Er zijn zelfs kinderen die ruim veertig jaar moeten

wachten op de waarheid. Tracht u te verplaatsen in dat kind en besluit nu om daar iets aan te doen.
Vertel!

Weten anderen van dit kind. Zo niet, waarom niet.
Indien u eigenlijk van mening bent dat dit kind uiteindelijk het recht heeft te weten wie zijn ouders zijn, dan kunt u hetgeen u schrijft tevens verwoorden in een brief. U kunt die brief bij een notaris deponeren waarbij u instructie geeft over de datum waarop deze naar het kind moet.

U kunt zelfs overwegen een kopie van uw document, aangevuld met een persoonlijke brief en foto's, aan uw kind te sturen. Nogmaals: het tijdstip kunt u zelf bepalen. Een notaris kan u hierbij behulpzaam zijn.

Zoals bij alles in dit Persoonlijk Document, geldt ook nu dat details belangrijk kunnen zijn.
Vergeet niet dat er een Persoonlijk Document geschreven wordt.
Het woord is aan de verteller, ofwel de schrijver.
Meningen, bevindingen, gedachten van anderen spelen nu geen rol.

MOEDERSCHAP – VADERSCHAP

Zoals beschreven onder *Ouderschap*, kan een vrouw moeder en een man vader worden door verschillende omstandigheden.
Wat die verschillende omstandigheden ook zijn, diegene die zich aangesproken voelt als 'moeder/vader' dient de suggesties die van toepassing zijn te volgen.
Had u toen u vader werd, een vaste relatie met de moeder van uw kind.
Verlangde u naar een kind. Was het krijgen van een kind uw beider wens of vooral van uw partner.
Hebt u lang op de vervulling van deze wens moeten wachten.
Voelde u zich klaar voor het vaderschap.

"KOP OP, MAARTEN... NOG MAAR EEN JAARTJE OF ZEVENTIEN, ACHTTIEN, DAN IS-IE AL WEER HET HUIS UIT."

ZWANGERSCHAP(-PEN)

Was het uw wens zwanger te raken.
Hebt u lang op de vervulling van deze wens moeten wachten.
Bent u op een natuurlijke wijze zwanger geraakt.
Hoe hebt u de zwangerschap ervaren.
De burgerlijke staat tijdens de zwangerschap.
Deelde uw partner uw gevoelens aangaande de zwangerschap.
Hoe hebt u als vader de zwangerschap ervaren. Misschien voelde u zich wel een beetje buitengesloten.

ONTVANGST VAN UW KIND

Voor de ene moeder/vader is de geboorte de ontvangst van het kind.
Hoe verliep de geboorte? Werd het 'een hele bevalling' of ging het lekker vlot.
Voor de andere moeder/vader is de ontvangst van het kind het moment waarop het kind haar/hem toevertrouwd werd door adoptie of voogdij.
Hoe verliepen de allereerste minuten bij het zien van uw kind.

Hoe voelde u zich in uw nieuwe rol.
Kreeg u lichamelijk en geestelijk steun en zo ja, van wie.
Was er iemand die u speciaal miste in deze tijd.

U zou hier ook kunnen vertellen over de herkomst van de geboortena(a)m(en) van uw kind, over de slaapplaats van het kindje, de voorbereidingen die u daartoe getroffen had, de kraamtijd, uw lichamelijke en geestelijke gesteldheid, bijvoorbeeld een postnatale depressie, het eerste jaar na de komst van uw kind. Was uw baby een huilbaby of juist een rustige baby.
Had u uw baan opgezegd of had u zwangerschapsverlof.
Hoe zagen uw dagen er over het algemeen uit en wat vond u daarvan.
Besteedde u meer aandacht aan uw uiterlijk. Hoe.

Had de komst van uw kind invloed op uw relatie.
Is, voor u, de rol van de vader gelijkwaardig aan die van de moeder.
Wie waren uw vriendinnen en vrienden in deze tijd.
Kerkelijke Gezindheid. Is uw kind gedoopt. Waarom.

OPVOEDEN

Hoe ervaart u het opvoeden van een kind.
Vindt u dat geweldig, boeiend en uitdagend of juist moeilijk en zwaar.
Leest u veel over het opvoeden van kinderen.
Is er een bepaald boek dat u speciaal prettig of goed vindt.
Vindt u dat u redelijk, vanzelfsprekend of natuurlijk om kunt gaan met de opvoeding die u voor ogen staat.

WEL OF NIET WERKEN

Het ouderschap vergt vele beslissingen. Een daarvan is het al dan niet werken. Los van die keuze kan men het gevoel hebben vierentwintig uur per dag in touw te zijn. Had u de keuze, en zo ja, waar koos u voor.
Is het een weloverwogen besluit.
Wat zijn de praktische gevolgen hiervan.
Is er een duidelijke structuur aan de dagen gegeven.
Voelt u zich weleens slaaf van het gezin.
Wat doet u ter ontspanning.

ADOPTIE

Onze zoon kwam als baby bij ons. Hij was toen drie weken oud. Rond zijn dertigste werd hij op kantoor lovend toegesproken door zijn baas. Ter voorbereiding op de speech had de baas zich verdiept in de persoonsgegevens van onze zoon. Goedbedoeld grapte de baas tijdens zijn speech: '... en dat voor een Belg.' Onze zoon was geschokt! Hoewel hij weet dat hij geadopteerd is, voelt hij zich de zoon van Nederlanders. Bovendien heeft hij de Nederlandse nationaliteit. Douwe

Als u moeder/vader bent van een geadopteerd kind is er vast en zeker veel voorafgegaan aan hetgeen u tot dusverre over het moeder-/vaderschap schreef.
Het adopteren van een kind is veelal een keuze.
Het kan zijn dat u voor adoptie koos, omdat u anders geen kinderen had gehad.
Het kan echter ook zijn dat u liever een kind adopteerde, hoewel u ook op een natuurlijke manier kinderen had kunnen krijgen of zelfs hebt gekregen.

Hoe is dat bij u gegaan?
Was het een proces van jaren, voordat u tot adoptie besloot.
Kon u dit proces en het besluit dat volgde, goed bespreken met uw partner.
Ondervond u steun van familie en vrienden bij uw overweging een kind te adopteren.
Hoe kwam u bij bepaalde instanties terecht.
Hoe hebt u het ervaren om door instanties beoordeeld te worden.
Hebt u voorkeur mogen of willen geven aan ras, geslacht of achtergrond.
Zo ja, waarom hebt u dat gedaan.
Indien u iets weet over de biologische ouders van uw kind en hun aanleiding om het kind voor adoptie in aanmerking te laten komen, dan doet u er misschien goed aan dit hier op te schrijven.
Wat zijn uw gedachten bij overheid, instanties en wetten aangaande adoptie.
Vindt u dat u goede begeleiding kreeg.
Kwamen de aankondiging en de komst van uw kind geheel onverwacht of had u enige tijd om zich erop voor te bereiden.
Hoe oud was uw kind toen het bij u arriveerde.

Hoe was de geestelijke en lichamelijke gesteldheid van uw kind op dat moment.
Durft u trots te zijn op hetgeen u deed en doet voor uw kind.

VOOGDIJ

Het moeder- of vaderschap verkregen door voogdij is ook bijzonder.
Het kan zijn dat u moeder/vader bent van een nichtje of een neefje.
Hoe is uw moeder- of vaderschap op uw weg gekomen.
Ging het plotseling en onvoorbereid.
Werd het een moeder- of vaderschap op afstand of kreeg u het kind (tijdelijk) bij u in huis. Hoe hebt u die situatie ervaren.
Laat u mede leiden door de suggesties gedaan onder *Adoptie.*

BEWUST ONGEHUWDE MOEDER

Begin met het herlezen van de stukken *Ouderschap*, *Mijn kind of mijn kinderen* en het eerste gedeelte over *Moederschap – vaderschap.*
Was het echt een keuze, of toch niet helemaal.
Indien het een duidelijke keuze was, waarop was die gebaseerd.
Had u bepaalde verwachtingen en zijn die uitgekomen.
Kreeg u steun van uw directe omgeving en zo ja, op welke manier.
Indien u geen steun ontving, hoe kijkt u nu terug op de eerste jaren van uw moederschap (en de zwangerschap).
Misschien hebt u contact met de vader van uw kind. Hoe is dat contact.
Heeft uw kind contact met zijn of haar vader.
Hebt u uw kind kunnen uitleggen waarom het destijds zo gegaan is.
Wat vindt u het allerfijnste aan uw moederschap.

MOEDERSCHAP – VADERSCHAP EN EEN HOMOSEKSUELE RELATIE

Had en hebt u een vaste relatie.

Hoe zou u de biologische vader/moeder willen omschrijven.

Wie van u beiden is de biologische vader/moeder. Beschrijf hem/haar.

Indien u een kind adopteerde, dient u tevens de suggesties onder *Adoptie* te volgen.

Wat ging er vooraf aan de wens een kind te krijgen. Was het krijgen van een kind een wens van u beiden. Hoe reageerde uw (beider) directe omgeving op de vervulling van uw (beider) kinderwens. Hoe is dat nu.

Is er een bepaalde rolverdeling.

Denkt u dat u uw kind anders opvoedt dan een heteroseksuele moeder/vader.

Geeft of gaf de komst van uw kind aanleiding om te trouwen.

Wat zijn uw gedachten bij overheid, instanties en wetten aangaande ouderschap door homoseksuelen.

GROOTOUDERSCHAP

Voordat men grootouder is, komt meestal de mededeling dat men grootouder wordt. Hoe hebt u die mededeling ervaren. Misschien sloeg de schrik u even om het hart bij het besef de volgende generatie te worden!

> *Ik was vierenvijftig toen ons jongste kind vijftien jaar was. Ik was nog niet toe aan het grootouderschap! Toch, toen onze oudste dochter vertelde dat wij grootouders zouden worden, was het een heel blij moment. Het gekke is dat ik mijn volwassen kinderen toch nog heel lang als kinderen beschouwde. Zo rond mijn vijfenzestigste was ik eraan toe mijn kinderen als volwassen vrouwen en mannen te zien. Beatrice*

"HÉÉ OPA ... HEB JE EEN VUURTJE VOOR ME?"

Wat ging er door u heen toen het eenmaal zover was: trots, een nieuw soort verantwoordelijkheidsgevoel, nieuwe plichten, het gevoel oud te zijn of een andere band met uw kind dat nu zelf het ouderschap ervaart.

Toen ik het eerste kleinkind voor het eerst in mijn armen hield was dat heel ontroerend. Godert

Is er sprake van een stamhouder en hecht u daar bijzondere waarde aan.
Van wie bent u grootouder: naam, geboortedatum, woonplaats.
Wie zijn de ouders van uw kleinkind(-eren).
Wat vindt u het allerleukste aan uw grootouderschap.
Is er iets wat u minder leuk vindt.

Vele kinderen gaan tegenwoordig op zeer jonge leeftijd naar een crèche. Mijn kleinzoontje is daarop geen uitzondering. Eens in de veertien dagen ga ik een dag oppassen. We tuttelen, spelen, bakken en gaan zoveel mogelijk naar buiten. Ik zie hem dus regelmatig waardoor we een echte band hebben. Bovendien komt hij eens in de vijf weken een heel weekend logeren. Dat vind ik heerlijk! Zijn andere grootmoeder doet dit precies zo. Het is overzichtelijk en bovendien heel prettig voor iedereen. Carla

Ik geniet enorm van mijn grootmoederschap. Alle vorderingen, gelijkenissen, herkenningen maar ook de boeiende en daarmee spannende ontwikkelingen. Elly

Sinds de scheiding van mijn zoon zie ik de kleinkinderen veel minder. Daarbij zitten deze kinderen nu in de puberteit en hebben dus minder aandacht voor ouderen. Ik mis het echte contact met mijn kleinkinderen. Misschien moet ik ook een Persoonlijk Document gaan schrijven, zodat ze later toch veel over de familie en over mij weten. Karlien

Wij hadden een winkel en hebben altijd hard gewerkt. Helaas overleed mijn man kort na onze pensionering. Ons eerste kleinkind heeft hij nog meegemaakt. Nietsdoen past niet bij mij noch bij onze kinderen. Zo kwam van het een het ander en pas ik inmiddels vijf dagen per week op mijn vijf kleinkinderen. Drie zijn schoolgaand, twee nog geen jaar oud. Men verbaast zich hier vaak over, maar ik kan het prima aan en geniet van de speciale band die ik met ieder kleinkind heb. Ans

Ziet u uw kleinkind(-eren) regelmatig.
Wat onderneemt u zoal met uw kleinkinderen.
Ondersteunt u uw kleinkinderen financieel.

Ik ben in de gelegenheid mijn kleinkinderen jaarlijks de maximale belastingvrije schenking te geven. Daar ben ik mee begonnen vanaf de geboorte van het eerste kleinkind. De bedoeling is dat de kleinkinderen op die manier in elk geval zorgeloos een opleiding kunnen volgen. Hierdoor help ik de ouders van deze kleinkinderen ook. De kinderen die geen gezin hebben, worden echter niet vergeten! Het is heel eenvoudig om dit eerlijk op te lossen. Wie wil er niet eens een mooie reis maken of die ene bijzondere kast kunnen kopen?
Bernhard

Hoe is het met het wederzijds begrip tussen uw (klein-)kinderen en u. Komt dat doordat de relatie anders is, waardoor verwachtingen anders zijn.

Zijn er overeenkomsten tussen u en een kleinkind zoals een afwijking, karaktereigenschap, het uiterlijk of een duidelijke interesse.

Bij vier van onze kleinkinderen is coeliakie geconstateerd. Het betreft kinderen van drie van onze kinderen. Een internist vermoedt dat ik de mogelijke bron ben. Hoewel hier geen sprake kan zijn van schuld, voel ik mij soms toch een beetje schuldig. Gelukkig maken deze kleinkinderen het uitstekend zolang zij zich aan een glutenvrij dieet houden. Nadine

Wij wonen midden in een prachtige natuur en genieten daar intens van. Toen onze oudste kleindochter als kleuter weer eens bij ons logeerde, genoot zij zichtbaar van de vrijheid die de natuur je geeft. Ze probeerde steeds alleen door de wei en langs de rivier te struinen. Precies zoals ik daarvan geniet. Dat schept een band. Intussen hebben wij vele kleinkinderen en ervaren dat als een verrijking van onze oude dag. Cornelie

Eindelijk rustig genieten van kinderen! Ik hoef ze niet op te voeden en mag ze zelfs verwennen. Ik verheug mij als ze komen en als ze dan weer weg zijn vind ik het ook wel weer fijn. Rita

Indien u uw Persoonlijk Document schrijft voor uw (klein-)kinderen, dan zullen de *Tussendoortjes* een belangrijke bron van inspiratie vormen. Voor hen zullen de eerste stap op de maan en uw verslag over uw eerste bioscoopbezoek, maar ook de wijze waarop u vroeger als gezin de vakantie doorbracht enzovoort interessant en vermakelijk zijn.
Voorts zegt het uw kleinkind later zoveel! Zowel historisch als persoonlijk.
Veel plezier!

Tussendoortje VII: karaktereigenschappen

Bij alle onderwerpen op deze bladzijde kan ik wel iets zeggen over mijzelf, maar dat doe ik liever in mijn eigen Persoonlijk Document. Ik val voor volkskunst als het gaat om meubelen, muziek en kleding. Soms kan ik onbeheerst naar oude mannen kijken. Humoristische mensen vind ik benijdenswaardig. Frustraties heb ik ook, maar ze zijn gelukkig niet overheersend. (auteur)

Voor de zeer eerlijken onder u is dit eerder een Flinke Tussendoor!
Tracht bij iedere typering in een paar korte zinnen uzelf te beschrijven.
Dus kort en bondig:

karaktereigenschappen
over zelfkennis beschikken
zelfspot hebben
luchtigheid tonen
zelfbeheersing hebben
over humor beschikken
frustraties hebben
filosoferen over
respect hebben voor
obsessief zijn
ethisch denkend zijn
kritisch zijn
hebzuchtig zijn
trots zijn op
vrouwelijk zijn
mannelijk zijn
levenskunstenaar zijn
keuzes maken
jaloers zijn op
luisteren naar
een hekel hebben aan
verafschuwen van
verslaafd zijn aan
vallen voor of bang zijn voor
kijken naar
iets leuk of juist helemaal het einde vinden
het allerfijnste moment is
een gekoesterd verlangen hebben

"ACUPUNCTUUR! DAT HEEFT MIJ VORIG JAAR OOK ZO FANTASTISCH GEHOLPEN OM VAN HET ROKEN AF TE KOMEN".

punctueel zijn
tevreden zijn met gewone geneugten
een krent zijn of een gat in de hand hebben

zegels plakken en sparen, of
altijd schulden hebben

13.

Het verlies van een kind of kinderen

Het verlies van een kind kan zijn door de dood, door vermissing, door het besluit van uw kind geen contact meer met u te willen onderhouden, waarbij het onmogelijk is te weten hoe uw kind het maakt. Een bijzonder ernstige gezondheidsverandering, met als gevolg dat u geen contact meer met uw kind kunt hebben, kan u ook het gevoel geven uw kind verloren te hebben. Het kan ook zijn dat u ooit gedwongen werd uw kind af te staan.

Het schrijven over uw persoonlijke ervaring en uw persoonlijk verdriet zal zwaar zijn.
U schrijft uw Persoonlijk Document. Om welke reden u dat doet, is alleen relevant voor uzelf. Wat anderen vinden van hetgeen u schrijft, is niet aan de orde. Het is uw verhaal. Schrijf daarom. Schrijf in precies die woorden die u wilt gebruiken. Schrijf over die details waarover u wilt schrijven. Laat alleen weg waar u niet over wilt schrijven indien u het niet relevant vindt.
De een zal vooral een sterke behoefte voelen iets van zich af te schrijven. De ander zal schrijven om herinneringen vast te kunnen houden.
Denk daar niet over na: *schrijf!*

De lijst van suggesties is geschreven in enkelvoud: een kind, uw kind.
Het onwaarschijnlijke is soms realiteit: u verloor niet één kind, maar u verloor twee of zelfs meer kinderen. Daar ieder mens, groot of klein, een absoluut uniek persoon is, werd besloten de lijst van suggesties zo te formuleren dat elk kind een plaats krijgt in uw Persoonlijk Document.

De suggesties gedaan onder het hoofdstuk *Ouderschap* betreffen ook u. Neem ze mee!

HET VERLIES VAN UW KIND DOOR DE DOOD

Wat zijn de naam en de geboortedatum van uw overleden kind?
Wanneer en waar is uw kind overleden.
Ten gevolge waarvan is uw kind overleden.
Was u bij uw kind op het moment dat het stierf.
Indien uw kind plotseling overleed: hoe vernam u dat.
Hebt u uw kind nog kunnen zien.
Heeft uw kind bij u thuis opgebaard gelegen.
Hoe hebt u dat ervaren.
Wist u dat uw kind zou komen te overlijden en hebt u afscheid van elkaar kunnen nemen.
Beschrijf wat u – samen met uw kind – nog hebt kunnen zeggen of doen.
Hebt u een belofte moeten doen, en deze kunnen en willen nakomen.

Tracht uw gevoelens te verwoorden over:
het ongeloof over het werkelijk overlijden
het definitieve
het verdriet
huilen
boosheid
zelfverwijt
spijt
nachtmerries
(doods-)angst

Was u in de gelegenheid te bepalen of uw kind begraven of gecremeerd zou worden en waar dat zou moeten zijn. Hebt u de gelegenheid gekregen de invulling van die dag te bepalen. Hoe was het verloop van die dag. Waren belangrijke dierbaren aanwezig.

Waar werd uw kind begraven. Mocht en kon u, misschien in overleg met anderen, uw gedachten kwijt over hoe het graf er uiteindelijk uit zou zien.
Waar werd uw kind gecremeerd en waar staat de urn nu.
Zijn er bepaalde herinneringen aan deze dag waarover u zou willen schrijven.

Welke tastbare dingen van uw kind hebt u bewaard.
Kunt u daarnaar kijken of ze aanraken.
Zijn er bepaalde handelingen die u met uw kind deelde en die u heel bewust voortzet.
Praat u nog weleens tegen of met uw overleden kind.

Hebt u liefdevolle steun van familie, vrienden en lotgenoten gekregen. Misschien wilde u juist dat men u alleen liet. Steun, hoe goedbedoeld, is niet altijd gewenst.
Hebt u behoefte gehad aan professionele ondersteuning of aan ondersteuning door lotgenoten.
Zo ja, hoe hebt u die ervaren.
Nam u bepaalde beslissingen om uzelf tijd te gunnen.
Stortte u zich op iets specifieks ter afleiding of bezinning.

Welke herinneringen koestert u.
Hoe voelt u zich, nu u hierover schrijft.

HET VERLIES VAN UW KIND DOOR VERMISSING

Wat zijn de naam en de geboortedatum van uw kind dat u vermist?
Sinds wanneer vermist u uw kind.
Lees allereerst zorgvuldig het voorgaande gedeelte van dit hoofdstuk door.
Noteer tegelijkertijd punten waarover u denkt te willen schrijven.

Hoe was de situatie in de weken, maanden of jaren voorafgaand aan de vermissing.
Is u iets bekend over de mogelijke toedracht van de vermissing. Waar denkt u dat uw kind zich het laatst bevond. Wat denkt u dat er gebeurd zou kunnen zijn. Zijn er overheidsinstanties of media aan te pas gekomen bij de zoektocht naar uw kind. Vindt u dat er redenen zijn om aan te nemen dat uw kind nog leeft. Of zijn er geen duidelijke redenen, maar hoopt u of voelt u dat uw kind nog leeft.

Tracht uw gevoelens te verwoorden over:
ongeloof
angst
verdriet
wanhoop
huilen
hoop
nachtmerries
boosheid
zelfverwijt
spijt

Indien u bezittingen van uw kind hebt, doet u daar iets bijzonders mee.
Kunt u ze bekijken of aanraken.
Gaf u de herinnering aan uw kind op een andere manier vorm, bijvoorbeeld door een gedenkplaatsje in of rond uw huis.
Wat doet u om uw leven toch structuur te geven zodat u verder kunt gaan.
Ondervindt u daarbij hulp van anderen, bijvoorbeeld van uw partner, familie, vrienden, lotgenoten of professionele hulp. Hoe ervaart u die hulp.
Wordt het onderwerp misschien juist vermeden en heeft dit consequenties voor uw relatie met uw andere kinderen of uw (beider)

ouders. Wat is de invloed van de vermissing op de relatie met uw partner.

Welke herinneringen koestert u.
Hoe voelt u zich, nu u hierover schrijft.

HET VERLIES VAN UW KIND, DOORDAT U GEEN CONTACT MEER KUNT HEBBEN MET UW KIND

Wat zijn de naam en de geboortedatum van uw kind met wie u geen contact meer hebt?
Lees allereerst zorgvuldig het voorafgaande gedeelte van dit hoofdstuk door.
Noteer tegelijkertijd punten waarover u denkt te willen schrijven.

Hoe was de situatie in de weken, maanden of jaren ervoor.
Wat is volgens u de toedracht van deze situatie.
Indien u weet waar uw kind woont: hebt u getracht contact te krijgen.
Of hebt u uw kind heimelijk gadegeslagen.
Indien er contact is, beschrijf heel nauwkeurig hoe dat is en hoe dat gaat.
Zijn er mensen of instanties die u helpen om contact te krijgen of te hebben met uw kind.
Of wordt u hierin juist tegengewerkt. Door wie en waarom. Kunt u daarvoor enig begrip opbrengen.

Tracht uw gevoelens te beschrijven, zoals ongeloof, wanhoop, verdriet, boosheid, spijt, zelfverwijt, schaamte maar ook hoop of berusting.
Ondervindt u steun van familie, vrienden of lotgenoten.
Wordt het onderwerp juist vermeden en heeft dit gevolgen voor uw relatie met uw partner, andere kinderen of uw (beider) ouders.
Hebt u behoefte (gehad) aan professionele steun bij de verwer-

king van dit verlies. Zo ja, vond u die steun en hoe hebt u die ervaren.
Bezit u bepaalde eigendommen van uw kind.
Kunt u daarnaar kijken of ze aanraken.

Welke herinneringen koestert u.
Hoe voelt u zich, nu u hierover schrijft.

14.

Religie

Voor velen is het geloof, ofwel de kerkelijke gezindheid, een belangrijk aspect in het leven (geweest).
Het is mogelijk er apart over te vertellen, maar het kan ook ondergebracht worden bij de verschillende andere hoofdstukken waarover u schrijft.
De kerkelijke gezindheid, het praktiseren van het geloof, kan in de lijn van iemands opvoeding passen.
Hoewel onderstaande suggesties gebaseerd zijn op het christendom, zal het joodse mensen vanzelf op gedachten als Chanoeka, bar mitswa, de synagoge en de rabbi brengen. De moskee, de imam, het Suikerfeest of de Ramadan zullen uitbundig beschreven kunnen worden door de moslim.
Schrijf erover!

KERKELIJKE GEZINDHEID TOEN IN ONS GEZIN

Hadden uw ouders dezelfde kerkelijke opvoeding gehad of was de een bijvoorbeeld katholiek en de ander protestants opgevoed.
In welke kerk trouwden zij.
Welke kerkelijke gezindheid overheerste er in de directe omgeving.
Hebt u de Heilige Doop ontvangen? Wanneer, waar, welke kerkelijke richting, welke tekst.
Het trouwboekje van de ouders kan hierbij een houvast zijn.

Vertel over de godsdienstige opvoeding die u kreeg. Werd er voor het eten gebeden en na het eten gedankt.
Was er het avond- en morgengebed.
Werden u eenvoudige psalmversjes of andere godsdienstige liederen geleerd.

Wie las voor uit de kinderbijbel.
Bestond voorgelezen worden verder uit boekjes met een christelijke inslag. Werd thuis een orgel bespeeld en werden er psalmen of liederen gezongen door het hele gezin.
Op welke leeftijd deed u Eerste Heilige Communie, Plechtige Communie of Belijdenis. Indien u dit als volwassene deed, wat was dan de motivatie bij de keuze van het kerkgenootschap.
Beschrijf hoe de hoogtijdagen in het kerkelijk jaar doorgebracht werden.
Hierbij valt te denken aan Kerst, Aswoensdag, Lijdenstijd, Witte Donderdag, Goede Vrijdag, Pasen, Hemelvaart en Pinksteren maar ook aan bijzondere dagen als dankdagen, Allerheiligen en Allerzielen.
Zijn er bepaalde (familie)anekdotes uit deze tijd.

> *Mijn moeder had een oom die priester was. Hij was de trots van de familie. Deze aardige man kwam vele zondagen bij ons. Ik vond het een heel prettig idee dat wij een oom hadden die priester was. Het gaf mij toen het gevoel dat het dus wel goed zou gaan met onze familie! (auteur)*

Had u een priester, predikant of voorganger in de familie.
Welke invloed had dit op de familie.
Was iemand misdienaar, diaken, ouderling, non of broeder.
Ging u (klassikaal) te biecht.
Hebt u herinneringen aan het vastentrommeltje dat daags na carnaval geïnstalleerd werd.

> *Mijn moeder had mij gezegd dat ik in de biechtstoel altijd eerlijk moest vertellen wat ik verkeerd gedaan had. Je zou er nooit persoonlijk op aangesproken worden, wel zou de pastoor je zeggen wat je moest doen. Meestal moest je een aantal keren hardop het Onze Vader of Wees Gegroet bidden. Ik biechtte dat ik een snoepje uit het vastentrommeltje had ge-*

pikt. De pastoor zei wat ik moest doen en eindigde met: 'Doe de groeten aan je ouders, Noor.' Dat was tegen de afspraak in! Ik geneerde mij en werd boos. Thuis vertelde ik het verhaal, waarop mijn moeder zei dat ik niet meer verplicht was te biechten. (auteur)

Kerkelijke verenigingen als de jeugdvereniging of kinderclub, catechisatie, bijbelstudiegroep, de mannen- en vrouwenvereniging met bondsdagen en ontmoetingen kunnen uw leven belangrijk gevuld en vervuld hebben. Zijn hier bijzondere vriendschappen uit voortgekomen.
Kleding, het beoefenen van sport of het bijwonen van festiviteiten kenden misschien een gedragscode. Zo ja, welke.

Welke voorbereidingen werden getroffen voor de zondag en de kerkgang. Was er zondagse kleding, werden de schoenen gepoetst, hoeveel kerkgeld werd van tevoren per kind gegeven en ging dat gepaard met een snoepje, droeg men een hoed en handschoenen.
Werd het erf of de tuin nog even speciaal aangeveegd en bijgewerkt.
Misschien werd de auto gewassen of de fiets nog even gepoetst, maar het kan ook zijn dat u te voet naar de kerk ging.
Was de zondag tevens de dag om het zakgeld voor de week te ontvangen.

Waaruit bestond de godsdienstige opvoeding op school. Bijbelse vertellingen beluisteren, psalmversjes leren, catechisatie volgen of naar de zondagsschool gaan.
Het kan zijn dat u naar een bijpassende school gestuurd werd. Waarom denkt u dat u naar die specifieke school gestuurd werd.

UW GELOOF NU EN UW KERKELIJKE GEZINDHEID NU

Misschien koos u een andere weg of misschien bleef u trouw aan de richting die u destijds aangedragen hebt gekregen. Past uw besluit hierover nu bij u. Welke tradities nam u mee.
Hoe zien uw zondagen er nu uit.
Welke kerkelijke gezindheid is er in uw directe omgeving. Wat zijn uw gedachten over het geloof.

15.

Vriendschappen

Tijdens de verbouwing van onze vroegere kostschool gingen we stiekem naar binnen. We liepen door alle vertrekken waar het destijds voor ons verboden terrein was geweest. Door de vele herinneringen die we ophaalden, deed ik het letterlijk in mijn broek van het lachen. Met deze vriendin heb ik zoveel gedeeld. Hoewel wij elkaar nu nog maar af en toe zien, kost het ons nog geen drie minuten om alle diepste gevoelens en geheimen te delen op het moment dat wij weer bij elkaar zijn. Barbara

Ik heb mijn allerbeste jeugdvriendin verloren door een stommiteit. Zeker tien jaar lang waren wij gewend alles aan elkaar te vertellen. Op een gegeven moment was zij hevig verliefd. Zij vroeg mij wat ik van hem vond en zei erbij dat ik het eerlijk moest zeggen. Dat heb ik gedaan. Einde vriendschap! Dit spijt mij tot op de dag van vandaag. Martha

Ik heb een vriend met wie ik echt alles kan bespreken. Onze vriendschap begon op de kleuterschool. We hebben heel veel gelachen en doen dat nog steeds. Daarnaast kunnen we uren praten over van alles en nog wat. Zijn kritische opmerkingen over mij neem ik serieus, terwijl ik dezelfde kritiek door een ander gegeven makkelijk negeer. Laurens

Echte vriendschap betekent voor mij dat je geeft, maar ook mag nemen. Zonder schaamte en altijd met respect voor de ander. Eens had een vriendin van mij alle recht om eens flink op mij te leunen. Een sterke vrouw, een persoonlijkheid. Ik luisterde vele uren en trachtte zoveel mogelijk bij haar te zijn.

Later, toen het gelukkig weer goed met haar ging, bleek onze vriendschap ernstig verstoord. De enige verklaring die ik kan bedenken is dat zij zich schaamde voor een zogenaamd zwak moment. Ik troost mij met de gedachte dat ik naar eer en geweten gedaan heb wat ik kon en immer gezwegen heb. Ik wil mijn gedachte over vriendschap trouw kunnen blijven.
Leontien

Mijn beste vriend is mijn hond. Lennart

Sommige vriendschappen zijn echt: puur en oprecht.
Men is dan trouw aan elkaar en respecteert de onderlinge verschillen.
Iemand die er altijd voor u is.
Iemand met wie u kunt huilen, maar ook mateloos veel lol kunt hebben.
Wat vindt u nou vooral zo heerlijk aan die vriend of vriendin.
Wie is dat voor u en van wanneer dateert deze vriendschap.
Wat maakte u zoal samen mee. Wanneer en waar was dat.
Zou u die persoon vanaf deze plaats nog iets willen 'zeggen'.
Onderhoudt u de vriendschap door samen iets te ondernemen.

Tussendoortje VIII: maatschappelijke onderwerpen

Soms lees ik liever geen kranten meer, noch wil ik dan nieuws horen of zien. Meestal is dat van korte duur, want er zijn te veel onderwerpen die mij interesseren. Zo vind ik dat ik gebruik moet maken van mijn stemrecht, ook als dat betekent dat ik weer uren telefoneer met vrienden om tot een keuze te kunnen komen. (auteur)

Maatschappelijke onderwerpen of onderwerpen die daar zijdelings mee verbonden zijn, zullen de een sterk bezighouden en de ander nauwelijks. Loop het lijstje door en pik er wederom slechts het onderwerp uit waarover u iets zou willen vertellen.

EU
VN
NAVO
politiek, politicus, partij
Eerste Kamer
Tweede Kamer
wereldpolitiek
monarchie/republiek
koninklijk huis/koninklijke familie
milieu
energie
ruimtevaart
wapens
gezondheidszorg
onderwijs
emigratie/immigratie
integratie
protesteren

Belangenorganisaties als het Rode Kruis, het Leger des Heils, Unicef, Greenpeace, het Wereld Natuur Fonds en vele, vele andere genieten misschien uw speciale aandacht.
Hoe komt dat zo en wat doet u daaraan.

In mijn puberteit vierde ik carnaval. Koninginnedag zei mij toen niet veel, maar dat is nu anders. Het wonen in een kinderrijk dorp met een zeer actief Oranjecomité maakt dat wij meestal thuisblijven op die dag. Een gevoel van betrokkenheid, maar ook saamhorigheid bekruipt mij altijd weer wanneer er gevlagd wordt. Of dit nu voor dodenherdenking, bevrijdingsdag of Koninginnedag is. Ook bij het kijken naar de Elfstedentocht of naar deelnemers aan de Olympische Spelen en andere sportklassiekers, kan ik ineens dat speciale gevoel krijgen. (auteur)

Hoe is dat voor u?

16.

Vrijetijdsbesteding

Gelukkig zijn er veel mensen die ervoor zorgen vrije tijd te nemen.
Echt ontspannen, geconcentreerd bezig zijn met iets wat men erg graag doet naast de gewone dagelijkse beslommeringen.

SPORT

In 1985 schaats ik de Elfstedentocht. Samen met mijn vriend Cees-Jan gaan we voortvarend van start in de voorlaatste groep. In de buurt van Sneek haakt de oersterke Cees-Jan af. Ik ben stomverbaasd en teleurgesteld. Alleen vervolg ik mijn weg. Hoewel, alleen? Verre van dat. Iedereen rijdt in groepjes. Dan houd je elkaar uit de wind. Na vijven is het donker en kun je niet meer in groepjes rijden. Er ligt water op het ijs waardoor je de scheuren niet meer ziet en regelmatig valt. Drijfnat. Pijn in mijn benen. Enthousiast publiek helpt je verder. Om halftien op de Bonkevaart schaats ik de menigte in die bij de finish staat. Daar is niemand die ik ken. Hallucinerend van moeheid rijd ik naar mijn slaapadres.
Achteraf blijkt het afhaken van Cees-Jan te maken te hebben met een ziekte, waaraan hij jaren later is overleden. Max

Wederom; het zou jammer zijn wanneer u alleen maar het wat, wanneer, waar en met wie beschrijft. Hier volgen nog wat verduidelijkende suggesties.

Beschrijf of sport een deel van uw leven uitmaakt. Dat kan zijn doordat u een of meer sporten beoefend hebt als speler, trainer of coach.

Over welke sport(-en) gaat het. Deed u dat met veel overtuiging, zelfs uit passie.
Eigen limieten verkennen en verleggen, of sporten voor de gezelligheid of om in vorm te blijven.
Was uw omgeving (kinderen, vrienden) van invloed op de keuze van de sport. Of kwam de keuze voort uit familietraditie.
Het kan ook een duidelijke eigen keuze geweest zijn!
Moest u er veel moeite voor doen, bijvoorbeeld ver reizen of een bijbaantje nemen vanwege de kosten.
Bent u een typische teamsporter of juist niet.
Indien u bijzondere prestaties of overwinningen behaald hebt kunt u daar misschien trots over vertellen. Beschrijf met welke sport, waar en wanneer.

Tallin, Pre-Olympics en de afsluiting van het wedstrijdzeilseizoen. Wij staan voor het derde jaar nummer 1 in de World Ranking in de 470-klasse. 'We vreten ze op', zeggen we tegen elkaar. De omstandigheden zijn niet ideaal. De logistiek is belabberd: aardbeien op maandag, slagroom op dinsdag. Het marinefregat dat ons begeleidt, loopt zelf bijna op het havenhoofd. Alles wat we doen, wordt door de Russen gevolgd. We laden ons op voor de wedstrijden. We winnen, ons laatste succes. De fakkel is opgebrand. Sjoerd

Hebben uw sportieve activiteiten of uw interesses een obstakel voor uw directe omgeving gevormd, omdat het veel tijd in beslag nam, omdat het kostbaar was of omdat men u gewoon niet begreep.
Hebt u vriendschappen die voortkomen uit het beoefenen van een sport.
Sport en het heden: hoe staat het daarmee?

Er zullen zeker gekke, leuke of bijzondere dingen voorgevallen zijn.

Graaf eens diep en schrijf erover!

Tja, het kan ook zijn dat u mee sport vanuit een stoel achter de televisie!
Betrapt? Nee, het is uw Persoonlijk Document. Weet u nog?!

SPEL

Nee, op donderdagavond kan ik nooit. Dan ga ik kaarten. Henk

Ik had niet gedacht zo fanatiek te worden. Inmiddels bridgen wij al zo'n veertien jaar en zijn wij een hechte groep geworden. Wij ondernemen zelfs tripjes naar het buitenland om er samen te bridgen. Annelien

Vroeger speelden wij vaak canasta thuis. Behalve mijn broer speelde zelfs mijn moeder vals. Daar ergerde ik mij enerzijds aan, maar anderzijds vond ik het ook wel cool van haar. Leo

Samen een spel spelen hoeft voor mij niet zo. De denksport vind ik wel heel leuk. In het weekend besteed ik er graag uren aan en kijk dan uit naar de oplossing. Krijn

Welk spel speelde u graag?
Gewoon een kaartje leggen, (fanatiek) bridgen, schaken, dammen, Go, puzzelen, de gewone gezinsspelletjes of een combinatie van sport en spel, bijvoorbeeld bij een vereniging.
Zijn er vriendschappen voortgekomen uit het spelen van een spel.
Beschrijf het wat, wanneer, waar en met wie.
U dient de suggesties onder *Sport* door te lezen, zodat u over kunt nemen wat hier op u van toepassing is.

Vooral in januari word ik gebeld. Of ik alsjeblieft pakken wil maken voor de carnavalsvereniging. Ieder jaar een hele klus, maar wel heel erg leuk en dankbaar werk. Wil

Het begon met wat struinen langs grofvuil. De leukste dingen, maar ook rotzooi, sleepte ik mee naar huis. Inmiddels stroop ik allerlei rommelmarkten af en restaureer eigenhandig. Ik vind dat heerlijk en geniet van het resultaat. Lieke

Tuinieren zit in mijn bloed. Ik wist dat wel, maar deed er eerst niet zoveel mee. Op een gegeven moment begon ik er steeds meer tijd aan te besteden en werd ik zoetjesaan een fanaat! Nu werk ik ontelbare uren per week in mijn tuin en geniet. Bovendien ben ik lid geworden van een tuinclub en dat is behalve leerzaam ook heel gezellig. Toos

Interesse voor de genealogie heb ik al jaren. Uren kan ik boeken nazien op familieverbanden. Internet is een geweldige toevoeging aan de mogelijkheden hiertoe. Als ik iets ontdek dan deel ik dat graag met anderen. Helaas blijkt dan dat dit onderwerp niet iedereen interesseert. Wolfert

Een hobby kan met sport en spel te maken hebben, maar kan ook op zichzelf staan.
Het verzamelen van iets houdt velen intens bezig. Dat kunnen bijvoorbeeld gegevens over een bepaald onderwerp zijn of antiek, boeken, treinen, snuisterijen en nog veel en veel meer.
Het kan ook het maken van iets zijn zoals kleding.
Musiceren, beeldhouwen, schilderen, fotograferen of tuinieren.
Hoe is uw hobby ontstaan.
Was het ontstaan van uw hobby een duidelijke keuze of ontstond die eigenlijk toevallig.

Het wat, waar, met wie en wanneer hoort ook hier thuis.
Het doorlezen van de suggesties gedaan onder *Sport* zullen u op het idee brengen meer over uw hobby te vertellen.
Indien de hobby een beetje uit de hand gelopen is: hoezo?
Vindt u dat vervelend of eigenlijk wel leuk.
Wat doet u nu aan uw hobby.

VRIJWILLIGERSWERK

Het doen van vrijwilligerswerk maakte deel uit van de opvoeding die wij kregen: iets doen voor je medemens. Dat begon al op de basisschool. Zo verzamelden we aluminium melkdoppen voor de missie, gingen vaker bidden en elke dag naar de kerk, want dan maakte je klas kans op het veroveren van de missievlag. Ziekenbezoek aan een nabijgelegen sanatorium hoorde er ook bij. Manja

Een maatschappij zonder vrijwilligers is ondenkbaar.
Er zijn veel mogelijkheden om als vrijwilliger iets te betekenen voor anderen. Beschrijf wat u deed, voor wie, waarom en wanneer. Was dat voor een bepaald persoon, voor verschillende mensen of voor een instelling.

Is het iets wat u uit vrije wil bent gaan doen en misschien door overtuiging.
Het kan u ook opgelegd zijn door traditie of door verwachtingen van anderen. Nam het veel tijd in beslag.
Kreeg u steun van uw directe omgeving bij uw activiteiten als vrijwilliger.

Op de middelbare school kon je je opgeven bij de Sociale Groep. Als dertienjarige fietste ik elke zaterdagmiddag met twee vriendinnen naar een bejaardenhuis. Wij bezochten daar een oude mevrouw die familie noch vrienden in de buurt had wonen. Zij stelde onze bezoekjes zeer op prijs en trakteerde ons op een glaasje advocaat met slagroom. Wij griezelden ervan, maar lepelden het braaf op met het kleine lepeltje dat zij ons erbij gaf. Dit hebben wij enkele jaren volgehouden. Een paar keer per jaar heb ik contact met deze vriendinnen. We leggen dan geen bezoekjes af en lepelen ook niet uit een glaasje advocaat! Quirine

Had het sociaal ook leuke gevolgen? Aardige mensen leren kennen, vriendschappen gesloten, een nieuwe hobby of misschien wel een vaste (betaalde) baan.
Heeft het uw kennis over een bepaald onderwerp dat u interesseert sterk vergroot.
Zijn er bijzondere herinneringen aan uw werk als vrijwilliger door een bepaald voorval, een bijzondere ontmoeting of misschien wel een ontvangen blijk van waardering en zelfs een onderscheiding.
Bracht uw vrijwilligerswerk ook gevaren met zich mee.
Doet u momenteel vrijwilligerswerk.

Sinds zes jaar werk ik als vrijwilliger op een medisch kinderdagverblijf. Er zijn altijd helpende handen nodig omdat de meeste kinderen meervoudig gehandicapt zijn en dus veel hulp en aandacht behoeven. Veel kinderen krijgen fysiotherapie. Na verloop van tijd kwam ik zo weer in aanraking met mijn oorspronkelijke beroep, namelijk fysiotherapeut. Twintig jaar had ik niets meer met deze kennis gedaan. Ik had niet gedacht via dit vrijwilligerswerk weer in mijn oude vak terug te komen. Elke week loop ik met een paar kinderen, geef ik gymles, zwem ik met een zwaar gehandicapt meisje en leer een jongetje fietsen op een driewieler. Misschien ga ik er solliciteren naar een vaste betrekking. Elisabeth

Met wat vrienden beheerden wij een stichting. Het doel was enkele monumenten te beschermen. Toen een groep krakers een van de monumenten binnengedrongen was, hebben wij getracht hen uit het pand te krijgen en over te leveren aan de politie. Wij dachten dat het daarbij belangrijk was allerlei bewijsmateriaal te verzamelen. Zo huurden wij een busje. In de zijwand boorden wij twee gaatjes waardoor wij de bewegingen voor het pand konden fotograferen. Op een gegeven moment beschikten we zelfs over infrarood. Bij nacht en ontij verbleven wij in de bus. Het was een spannende tijd! Helaas hebben wij ons doel niet bereikt: de krakers hebben lang in het huis gezeten. Gustaaf

Toen wij in Budapest woonden, was het IJzeren Gordijn net gevallen. Hoewel er een vereniging was voor buitenlandse vrouwen die daar woonden, had de vereniging nog geen actief onderdeel dat zich specifiek bezig zou houden met sociale nood. Een paar dames hebben dat onderdeel opgezet. Een fabrikant gaf gratis naaimachines en garen. Welwillende docenten instrueerden vele vrouwen in een zaaltje van een buurthuis. Na drie maanden trouw en goed werken, maakten zij kans op een certificaat dat hen uitzicht bood op een baan in een bijzonder groot naaiatelier in de buurt. Irina

Lees eerst voorgaande rubrieken door, want het zal uw geheugen prikkelen.
Ook ten aanzien van bestuur geldt wat, wanneer, met wie, waarom en in welke functie. Kwam deelname voort uit interesse, ideologie, traditie of uit uw werk.
Betrof het een plaatselijke, regionale, landelijke of buiten onze grenzen opererende organisatie.
Welke moeizame momenten waren er.

Maar liever: wat vond u nou juist een bijzonder leuke of avontuurlijke ervaring.
Welke bestuurlijke functie of functies bekleedt u op dit moment.

17.

Een onderscheiding of een titel

Hoewel het per mens sterk verschilt of iemand nou wel of niet zoveel waarde hecht aan een of meer onderscheidingen en/of een titel, is het Persoonlijk Document wel de plaats om er ten minste melding van te maken.
Het kan ook zijn dat het niet op u van toepassing is, maar op uw vader, moeder of een ander uit uw directe omgeving. Voorts kan het zijn dat u een uitgesproken mening over onderscheidingen en titels hebt waarover u iets zou willen schrijven. In geval u dit Persoonlijk Document schrijft voor het nageslacht, verdient het aanbeveling hierover te schrijven. Historisch kan het interessant zijn, maar het kan ook gewoon leuk zijn. Bepaalde onderscheidingen en titels zullen in de toekomst mogelijk verdwijnen.

DE ONDERSCHEIDING

Een onderscheiding is een eerbetoon.
Dat eerbetoon kan toegekend zijn voor militaire prestaties, maar ook voor prestaties op het gebied van sport, vrijwilligerswerk, arbeid(-sduur), of beklede maatschappelijke functies. Het kan een Nederlandse of buitenlandse onderscheiding zijn. Beschrijf wie, waarom, waar en wanneer een onderscheiding ontving en hoe de onderscheiding heet. Wie reikte de onderscheiding uit en namens wie werd dat gedaan. Waar worden de versierselen, behorende bij de onderscheiding, bewaard. Wat zijn de gevolgen van het onderscheiden zijn. Uw gevoelens hierover.

DE TITEL

Een titel verkregen door de afronding van een bepaalde studie. Welke studie, welke titel, wanneer en waar. Betreft het een studierichting die traditioneel in uw familie veelal gekozen werd. Uw gevoel daarbij op dat moment en nu. Gebruikt u deze titel(s).

Indien er bij uw achternaam een adellijke titel of een predikaat hoort.
Sinds wanneer draagt de familie die titel of dat predikaat en hoe verkreeg men die destijds. Hoe hebt u het als jongere ervaren dat bij uw familie een adellijke titel of predikaat hoort. Is dat nu anders. Gebruikt u uw titel of predikaat. Waarom wel of waarom juist niet.

18.

Nadenken over de dood

het leven
de dood
de angst
de berusting
het hiernamaals
de begrafenis
de crematie
de grafsteen
de urn/het uitstrooien van as
het testament
testamentair executeur
de donorverklaring
het codicil

Het kan zijn dat u duidelijke wensen hebt aangaande de afscheidsceremonie. Bijvoorbeeld bepaalde te lezen teksten of een boodschap die u over wilt laten brengen door een vriend of een familielid, met of zonder bepaalde zang, muziek, toespraken, bloemen, kleding, route, kist, genodigden of over de tekst van het overlijdensbericht. U kunt al uw wensen omschrijven en een kopie op een afgesproken of duidelijke plaats neerleggen, maar het is beter het geheel met de hand uit te schrijven, te dateren en te ondertekenen. De aanhef zou kunnen zijn: 'Ik, Pietje Puk, geboortedatum x, wil met dit codicil dat mijn volgende wensen gerespecteerd zullen worden:' (waarna u al uw wensen omschrijft). Uw notaris kan alleen een *handgeschreven* codicil als geldig in ontvangst nemen en bij uw testament bewaren.

19.

Slot

Indien mogelijk schrijft u een *handgeschreven* slot!
Pen, potlood of vulpen: dat maakt niet uit.
Beschrijf, bijvoorbeeld, wat uw motivatie was om dit Persoonlijk Document te schrijven.
Hoe hebt u het ervaren om dit te doen.
Wat gaat u met uw Persoonlijk Document doen.
In welke periode schreef u uw Persoonlijk Document (jaartal).

Te denken valt ook aan een handgeschreven overpeinzing.

Plaats in elk geval uw handtekening onder uw Persoonlijk Document.
Dat maakt het áf.

Tevens kunt u overwegen ook uw stem vast te leggen.
Dat kan door een stukje in te spreken op een cassettebandje, waarna u het bandje in een envelop doet en bij uw Persoonlijk Document sluit.
Voeg dan meteen een recente foto van uzelf toe. En ja, u mag ijdel zijn!
Een video-opname kan natuurlijk ook.

U hebt het volbracht!

Een welgemeend woord van dank aan...

De gebruikers van de handleiding die mij brieven of mails toestuurden. Persoonlijke ervaringen werden mij toevertrouwd, hetgeen ik zeer apprecieer. Daarnaast spoorden bepaalde opmerkingen mij aan deze te verwerken in de tweede druk.

De media die mij in de gelegenheid stelden de bedoeling van de handleiding landelijk te verspreiden. Daardoor ontvang ik uitnodigingen voor het geven van cursussen, lezingen en workshops in zowel de zorgsector als het bedrijfsleven, maar ook voor het interviewen van particulieren. Een ontwikkeling die ik nimmer had kunnen bevroeden, maar die mij zeer inspireert.

Twee vrienden voor het geven van precies de goede duwtjes in mijn rug op het juiste moment. Zeker ook een woord van dank aan Liesl, die de eerste druk woord voor woord doornam en opbouwende kritiek gaf.

Mijn echtgenoot en onze kinderen, die mij ondersteunen op de door mij gekozen weg!